Essential

INDONESIAN

Speak Indonesian With Confidence

Iskandar P. Nugraha
& Katherine Ingham

Revised by
Katherine Davidsen

TUTTLE Publishing

Tokyo | Rutland, Vermont | Singapore

Published by Tuttle Publishing, an imprint of Periplus Editions (HK) Ltd.

www.tuttlepublishing.com

ISBN: 978-0-8048-4246-4

Distributed by

North America, Latin America & Europe
Tuttle Publishing
364 Innovation Drive
North Clarendon, VT 05759-9436 U.S.A.
Tel: 1 (802) 773-8930
Fax: 1 (802) 773-6993
info@tuttlepublishing.com
www.tuttlepublishing.com

Asia Pacific
Berkeley Books Pte. Ltd.
61 Tai Seng Avenue #02-12,
Singapore 534167
Tel: (65) 6280-1330
Fax: (65) 6280-6290
inquiries@periplus.com.sg
www.periplus.com

Japan
Tuttle Publishing
Yaekari Building, 3rd Floor
5-4-12 Osaki, Shinagawa-ku
Tokyo 141 0032
Tel: (81) 3 5437-0171
Fax: (81) 3 5437-0755
sales@tuttle.co.jp
www.tuttle.co.jp

Indonesia
PT Java Books Indonesia
Jl. Rawa Gelam IV No. 9
Kawasan Industri Pulogadung
Jakarta 13930, Indonesia
Tel: 62 (21) 4682 1088
Fax: 62 (21) 461 0206
crm@periplus.co.id
www.periplus.com

First edition
16 15 14 13   8 7 6 5 4 3 2 1   1305HP

Printed in Singapore

TUTTLE PUBLISHING® is a registered trademark of Tuttle Publishing, a division of Periplus Editions (HK) Ltd.

Contents

Introduction

• •

● Welcome to the Tuttle Essential Language series, covering all of the most popular world languages. These books are basic guides in communicating in the language. They're concise, accessible and easy to understand, and you'll find them indispensable on your trip abroad to get you where you want to go, pay the right prices and do everything you've been planning to do.

Each guide is divided into 15 themed sections and starts with a pronunciation table which explains the phonetic pronunciation to all the words and sentences you'll need to know, and a grammar guide which will help you construct basic sentences in your chosen language. The back of this book presents an extensive English–Indonesian word list.

Throughout the book you'll come across boxes with a 🖐 beside them. These are designed to help you if you can't understand what your listener is saying to you. Hand the book over to them and encourage them to point to the appropriate answer to the question you are asking.

Other boxes in the book—this time without the symbol—give listings of themed words with their English translations beside them.

For extra clarity, we have put all pronunciations of the foreign language terms in italics.

This book covers all subjects you are likely to come across during the course of a visit, from reserving a room for the night to ordering food and drink at a restaurant and what to do if your car breaks down or you lose your traveler's checks and money. With over 2,000 commonly used words and essential sentences at your fingertips you can rest assured that you will be able to get by in all situations, so let **Essential Indonesian** become your passport to learning to speak with confidence!

Pronunciation guide

The Indonesian writing system is phonetic. The sounds and the letters used to represent them correspond closely. Although Indonesian is relatively consistent in matching sounds to spelling there are some exceptions and several sounds are difficult for English speakers. Pronunciation also varies depending on the region. As this book is designed for travelers visiting large cities and tourist sites in Indonesia you will not have any trouble making yourself understood if your pronunciation is slightly imperfect.

Consonants

Some Indonesian consonants are spelled with more than one letter.

The consonants **b**, **d**, **f**, **g**, **j**, **k**, **l**, **m**, **n**, **p**, **s**, **t**, **w** are pronounced as in English.

Mostly found in words borrowed from English, Dutch or Arabic, the letters **q**, **v**, **x**, **z** are very rare in Indonesian. **q** is pronounced like **k** in English. **z** sometimes sounds similar to **j** in English.

Consonants that are pronounced somewhat differently from English are as follows. The imitated pronunciation should be read as if it were English.

c	like the **ch** in *church*
kh	like the **ch** in *loch*
ny	like the **ny** in *canyon*
ng	like the **ng** in *singer*
ngg	like the **ng** in *anger*
r	like the **rr** in Spanish *arriba*
sy	like the **sh** in *shall*

Notes

h	is lightly aspirated
k	when at the end of a word, is cut off sharply
r	is rolled, especially at the end of a word

Vowels and diphthongs

a	like the **a** in *father*, but shorter (never as in *apple*)
ai	like the **ie** in *tie*
au	like the **ow** in *cow*
e	mostly a mute sound, like the **e** in *behind*; otherwise like the **e** in *bed*
i	like the **ee** in *meet*, but shorter
o	like the **o** in *hot*; sometimes like the **oe** in *toe*
oi	like the **oi** in *coin*
u	like the **oo** in *foot*
ua	like **wa** in *Washington*

Word stress

Indonesian words do not have a heavy stress accent. Sentences should be pronounced smoothly and evenly. If there is a stress within a word, it falls on the second last syllable, never the last, e.g. Denpásar (not Denpasár).

Basic grammar

Indonesian is written in the roman alphabet and is not tonal. Its grammar is relatively simple in everyday conversation, but more complicated in formal or written style.

1 Verbs

The verb "to be" is generally not translated. Thus, the English sentence "I am sick" is translated just as *saya sakit* (I sick). Verbs also have no tense: "will go", "going", "went", "gone" are all translated as *pergi*. To indicate time, a few key adverbs are used such as *kemarin* ("yesterday"), *sudah* ("already"), *nanti* ("later"), *akan/mau* ("will") and *belum* ("not yet")—flexibly indicating what has happened or will happen. For instance, "I was sick yesterday" *saya sakit kemarin*; "I am going to be sick" *saya mau sakit*.

Derived forms of verbs are often made of root words plus prefixes and/or suffixes such as *mem-*, *ber-*, *-kan*, *-i*, etc, particularly in more formal/written Indonesian. For instance, the word "to take" in Indonesian is *membawa* (made of the root word *bawa* + the prefix *mem-*). However, for daily conversations, using only the root word is acceptable. Therefore, you could use the word *bawa* instead of *membawa* to translate "to take".

To make the passive form of a verb, the prefix *di-* or *ter-* is normally added, and the agent is often expressed with *oleh* "by". For instance, "to be taken" *dibawa* (taken intentionally) or *terbawa* (taken unintentionally).

Some useful verbs:

To be, have, exist	*ada*
To have, to own	*punya (mempunyai)*

To need	*perlu (memerlukan)*
To reach, get, attain	*dapat (mendapat, mendapatkan)*
To like	*suka (menyukai)*
To become, happen	*jadi, menjadi, terjadi*
To know	*tahu*

2 Nouns

A noun is sometimes made of a root word plus a prefix or suffix such as *me-*, *pe-*, *-an*. For example:

layan, root word	to serve
pelayan (prefix *pe-*)	person who serves (waiter, porter, etc.)
pelayanan (prefix *pe-*, suffix *-an*)	service
melayani (prefix *me-*, suffix *-i*)	to serve (somebody)

Nouns remain the same for number—there is no singular or plural. Multiples are sometimes indicated by repeating the noun. For instance:

"car" *mobil*

"cars" *mobil-mobil*

The addition of *-nya* to the end of a word gives a sense of specificness. For example:

"car" *mobil*

"the car"/"his car"/"her car"/"their car" *mobilnya*

The articles "a", "an" and "the" are not expressed. For instance, "trip", "a trip", "the trip" are all translated as *perjalanan*.

3 Adjectives

As in French, adjectives in Indonesian come after the noun. For example, "waiting room" *kamar tunggu* (lit: room waiting); "red car" *mobil merah* (lit: car red).

To form the degrees of comparison (-er, -est), the words *lebih* ("more"), or *paling* ("most") are used before the adjective. For example:

"beautiful"	*indah*
"more beautiful"	*lebih indah*
"most beautiful"	*paling indah*
"the nearest hospital"	*rumah sakit paling dekat* (lit: hospital-most-near)

4 Personal pronouns

I (formal)	*saya*
I (informal)	*aku*
You (formal)	*Anda/Saudara*
You (informal)	*kamu*
He, she, it	*dia*
We (not including the listener)	*kami*
We (including the listener)	*kita*
You (plural)	*kalian, saudara-saudara, saudara sekalian*
They	*mereka*

Notes:
When addressing foreigners, Indonesian sometimes use *Tuan* ("Mr"), *Nyonya* ("Mrs") and *Nona* ("Miss") forms.

Indonesian people generally address all men as *Bapak* ("Mr") and women as *Ibu* ("Mrs"/"Miss").

The most common polite form for "you" in any situation is *Anda*. When addressing close friends or social inferiors *kamu* is used. *Kamu* can also be replaced with the person's name or just omitted.

"He", "she" and "it" are all *dia*, with no gender differentiation.

"It" is often not directly translated; it is sometimes omitted, sometimes expressed as "this" or "that".

Possession is indicated by placing the personal pronoun after the noun.

My ... (formal)	... *saya*
My ... (informal)	... *aku/... ku*
Your ... (formal)	... *Anda/... Saudara*
Your ... (informal)	... *kamu/... mu*
Her/his ...	... *-nya, ...dia*
Their ...	... *mereka*

Refer to the following examples:

"food"	*makanan*
"my food"	*makanan saya* or *makananku*
"your food"	*makanan Anda, makanan Saudara, makananmu*
"her/his food"	*makanannya, makanan dia*
"their food"	*makanan mereka*

5 Sentence construction

Sentences tend to be short and the most important word is often placed first. The order of a basic sentence is usually subject-verb-object. The subject within a sentence is often implied and not mentioned; this construction is used in most of the phrases in this book.

For example: *Dia datang dengan saya?* "He came with me?" = *Mau datang?* (lit: want-go?)

Question sentences:

There are three ways of constructing questions in Indonesian:

— Use *apa* at the beginning of the sentence

— Use a question word (not necessarily first), such as *di mana* ("where") *mengapa/kenapa* ("why"), *bagaimana* ("how"), *berapa* ("how much"/"how many") and so on.

— Raise the inflection of the voice (omitting the word *apa* or question word at the beginning of the sentence)

When seeking to confirm something, the word *bukan/kan* ("not") or *ya* ("yes") is simply added at the end of the sentence. For example, "interesting" *menarik*; "it's interesting, isn't it?" *menarik bukan?/menarik kan?/menarik ya?*

Notes:
Rather than using inflections which are considered a less formal way of asking questions, for your basic communication this book uses question words such as *apa*, *berapa*, *siapa* as much as possible.

If you construct a sentence incorrectly when you speak in Indonesian, people will still understand as long as you have a verb or important words in your sentence. For instance:

English	Which counter should I go to change money?
Indonesian	*Loket yang mana untuk tukar uang?*
Indonesian	*Loket mana tukar uang?*
	(lit: counter-which-change-money?)

1 The Basics

1. The Basics

1.1 Personal details

surname	*nama keluarga*
first name	*nama depan*
address	*alamat*
postal (zip) code	*kode pos*
sex (male/female)	*jenis kelamin (laki-laki/perempuan)*
nationality/citizenship	*kebangsaan/kewarganegaraan*
date of birth	*tanggal lahir*
place of birth	*tempat lahir*
occupation	*pekerjaan*
married status	*status perkawinan*
married/single	*menikah/belum menikah*
widowed/divorced	*janda (f)/duda (m)*
(number of) children	*jumlah anak*
passport/identity card/ driving license number	*paspor/kartu tanda identitas/ nomor SIM*
place and date of issue	*tempat dan tanggal dikeluarkan*
signature	*tanda tangan*

1.2 Today or tomorrow?

What day is it today?	*Ini hari apa?*
Today's Monday	*Sekarang hari Senin*

– Tuesday	*Selasa*
– Wednesday	*Rabu*
– Thursday	*Kamis*
– Friday	*Jumat*
– Saturday	*Sabtu*
– Sunday	*Minggu*
in January	*pada bulan Januari*
since February	*sejak bulan Februari*
in spring	*di musim semi/bunga*
in summer	*di musim panas*
in autumn	*di musim gugur*
in winter	*di musim dingin/salju*
2012	*tahun dua ribu dua belas*
the twentieth century	*abad kedua puluh*
the twenty-first century	*abad kedua puluh satu*
What's the date today?	*Tanggal berapa hari ini?*
Today's the 24th	*Hari ini tanggal dua puluh empat*
Monday 3 November	*hari Senin tanggal tiga November*
in the morning	*pagi hari*
in the middle of the day/ afternoon	*siang hari*
in the late afternoon/ evening	*sore hari*
at night	*malam hari*
this morning	*pagi ini*

this afternoon	*siang ini*
this evening	*malam ini*
tonight	*malam ini*
last night	*tadi malam*
this week	*minggu ini*
next month	*bulan depan*
last year	*tahun lalu*
next…	*depan*
in…days/weeks/months/ years	*dalam…hari/minggu/bulan/tahun*
…weeks ago	*berminggu-minggu yang lalu…*
day off	*hari libur*

1.3 What time is it?

What time is it?	*Jam berapa sekarang?*
It's 9 a.m.	*Jam sembilan pagi*
– five past ten	*Jam sepuluh lewat lima*
– a quarter past eleven	*Jam sebelas lewat seperempat*
– twenty (minutes) past twelve	*Jam duabelas lewat dua puluh (menit)*
– half past one	*Jam setengah dua*
– twenty–five (minutes) to three	*Jam tiga kurang dua puluh lima menit*
– a quarter to four	*Jam empat kurang seperempat*
– ten to five	*Jam lima kurang sepuluh*

– twelve noon	*Jam dua belas (siang)*
– midnight	*Jam dua belas (malam)*
half an hour	*setengah jam*
What time?	*Jam berapa?*
What time can I come round?	*Jam berapa saya bisa datang?*
At…	*Pada jam…*
After…/Before…	*Sesudah jam…/Sebelum jam…*
Between…and…	*Antara jam…dan jam…*
From…to…	*Dari jam…sampai jam…*
In…minutes	*Dalam…menit*
– an hour	*dalam satu jam*
– …hours	*dalam…jam*
– a quarter of an hour	*dalam seperempat jam*
– three quarters of an hour	*dalam tiga perempat jam*
too early	*terlalu awal/pagi/cepat*
too late	*terlalu siang* (in the morning)/ *terlalu sore* (afternoon)/*terlalu malam* (at night)
on time	*tepat waktu*

1.4 One, two, three…

0	*nol, kosong*
1	*satu*
2	*dua*
3	*tiga*

4	*empat*
5	*lima*
6	*enam*
7	*tujuh*
8	*delapan*
9	*sembilan*
10	*sepuluh*
11	*sebelas*
12	*dua belas*
13	*tiga belas*
14	*empat belas*
15	*lima belas*
16	*enam belas*
17	*tujuh belas*
18	*delapan belas*
19	*sembilan belas*
20	*dua puluh*
21	*dua puluh satu*
22	*dua puluh dua*
30	*tiga puluh*
31	*tiga puluh satu*
32	*tiga puluh dua*
40	*empat puluh*
50	*lima puluh*
60	*enam puluh*
70	*tujuh puluh*
80	*delapan puluh*

90	*sembilan puluh*
100	*seratus*
101	*seratus satu*
110	*seratus sepuluh*
120	*seratus dua puluh*
200	*dua ratus*
300	*tiga ratus*
400	*empat ratus*
500	*lima ratus*
600	*enam ratus*
700	*tujuh ratus*
800	*delapan ratus*
900	*sembilan ratus*
1,000	*seribu*
1,100	*seribu seratus*
2,000	*dua ribu*
10,000	*sepuluh ribu*
100,000	*seratus ribu*
1,000,000	*satu juta*
1st	*pertama, kesatu*
2nd	*kedua*
3rd	*ketiga*
4th	*keempat*
5th	*kelima*
6th	*keenam*
7th	*ketujuh*
8th	*kedelapan*

9th	kesembilan
10th	kesepuluh
11th	kesebelas
12th	kedua belas
13th	ketiga belas
14th	keempat belas
15th	kelima belas
16th	keenam belas
17th	ketujuh belas
18th	kedelapan belas
19th	kesembilan belas
20th	kedua puluh
21st	kedua puluh satu
22nd	kedua puluh dua
30th	ketiga puluh
100th	keseratus
1,000th	keseribu

once	sekali
twice	dua kali
double	dua kali lipat
triple	tiga kali lipat
half	setengah
a quarter	seperempat
a third	sepertiga
some/a few	beberapa

| $2 + 4 = 6$ | dua tambah empat sama dengan enam |
| $4 - 2 = 2$ | empat kurang dua sama dengan dua |

2 x 4 = 8	*dua kali empat sama dengan delapan*
4 ÷ 2 = 2	*empat dibagi dua sama dengan dua*
even/odd	*genap/ganjil*
total	*jumlahnya*

1.5 The weather

Is the weather going to be good/bad?	*Apa cuaca akan baik/buruk?*
– cool/hot?	*sejuk/panas?*
What's the forecast for today?	*Bagaimana ramalan cuaca hari ini?*
What temperature is it going to be?	*Berapa suhu udara?*
What's the weather going to be like today/tomorrow?	*Bagaimana cuaca hari ini/besok?*

angin wind	*dingin dan lembab* cold and damp	*hujan* rain
angin topan hurricane	*gelombang panas* heatwave	*hujan deras* heavy rain
badai storm	*cerah* fine/clear, sunny day	*hujan lebat* downpour
berangin windy	*panas terik* dry heat	*lembab* humid
petir thunder	*kabut/berkabut* fog/foggy	*sedang* mild
berawan cloudy	*angin agak kencang/* *kencang/sangat kencang*	*sejuk* cool
hembusan angin gusts of wind	moderate/strong/very strong winds	*gerah* stifling

cerah/bagus fine	*sangat panas* very hot	*mendung* overcast
gelap dark, gloomy		

1.6 Here, there...

See also 5.1 Asking directions

here/there	*di sini/sini, di sana/sana*
somewhere/nowhere	*di suatu tempat/tidak di mana-mana*
everywhere	*di mana-mana*
far away/nearby	*jauh/dekat*
right/left	*di kanan/di kiri*
to the right/left of	*di sebelah kanan dari/di sebelah kiri dari*
straight ahead	*lurus*
via	*melalui/lewat*
in	*di/ke*
on	*di/pada*
under	*di bawah*
against	*pada*
opposite	*seberang/menghadap*
next to	*di sebelah (nya)*
near	*dekat*
in front of	*di depan*
in the center	*di tengah*

forward	*di muka*
down	*di bawah*
up	*di atas*
inside	*di dalam*
outside	*di luar*
behind	*di belakang*
at the front	*di depan/di muka*
at the back	*di belakang/di deretan*
in the north	*di utara*
to the south	*ke selatan*
from the west	*dari barat*
from the east	*dari timur*
to the...of	*ke...dari*

1.7 What does that sign say?

See 5.2 Traffic signs

(bukan) air minum (no) drinking water	**polisi lalu lintas** traffic police	**kasir** cashier
air panas/dingin hot/cold water	**kamar mandi** bathrooms	**kosong** not in use
berbahaya danger	**kamar tunggu** waiting room	**loket karcis** ticket office
bahaya api fire hazard	**informasi/keterangan** information	**pintu masuk** entrance
berhenti stop	**kantor pariwisata** tourist information bureau	**polisi** police

buka open	*isi/ada orangnya/ sudah direservasi* reserved	*rumah sakit* hospital
cat basah wet paint	*jangan disentuh/ diganggu* please do not touch/ disturb	*rusak* out of order
dilarang berburu/ memancing no hunting/fishing		*sibuk* engaged
dilarang masuk no access/no entry	*pertolongan pertama* first aid/accident and emergency (hospital)	*tarik* pull
dilarang membuang sampah no litter	*hati-hati anjing galak* beware of the dog	*tekan* push
dilarang merokok no smoking	*tutup untuk perbaikan* closed for repairs	*penuh* full
dinas kebakaran fire department	*tangga berjalan/ eskalator* escalator	*habis terjual* sold out
disewakan for hire/for rent	*rem darurat* emergency brake	*untuk dijual* for sale
tangga darurat fire escape	*tegangan tinggi* high voltage	*kantor pos* post office
		jadwal timetable

1.8 Legal holidays

● **The most important legal holidays** in Indonesia are the following:

January
Tahun Baru (New Year's Day)   January 1

March/April
Jumat Agung (Good Friday)   Variable
Nyepi (Balinese Saka Calendar New Year)   Variable
Waisak Day (Buddhist Festival)   Variable

June/July
Isra Miraj (Ascension of the Prophet Muhammad)   Variable

August
Hari Kemerdekaan (Independence Day)   August 17
Idul Fitri (Two-day celebration at the end   Variable
  of Ramadan)

October
Muharram (Islamic New Year)   Variable

December/January
Hari Natal (Christmas Day)   December 25

Holidays and festivals are held at various times throughout
the year in Indonesia. Many holidays follow the lunar calendar
and do not fall on the same date every year. During the fast-
ing month of Ramadan many shops and restaurants in Muslim
areas are closed during daylight hours. It can be difficult to
travel during Idul Fitri as hotels and transport are booked out in
advance by locals.

1.9 Telephone alphabet

● **The international spelling alphabet** is also commonly used
in Indonesia for hotel and flight bookings.

a	*ah*	alpha
b	*bay*	bravo
c	*chay*	Charlie
d	*day*	delta
e	*ay*	echo
f	*ef*	foxtrot
g	*gay*	golf

h	*ha*	hotel
i	*ee*	India
j	*jay*	Juliet
k	*ka*	kilo
l	*el*	lima, London
m	*em*	Mike
n	*en*	November
o	*o*	Oscar
p	*pay*	papa
q	*kee*	Quebec
r	*err*	Romeo
s	*es*	sierra
t	*tay*	tango
u	*oo*	unicorn
v	*fay*	Victor
w	*way*	whiskey
x	*eks*	x-ray
y	*yay*	yankee
z	*zet*	zebra

2 Meet and Greet

2. Meet and Greet

● **Indonesians** are friendly and courteous people. A handshake is a common form of greeting amongst both men and women. A smile is a sign of goodwill, and calmness in the face of adversity is greatly admired. Shows of aggression are frowned upon, and gestures such as standing with your hands on your hips or crossing your arms over your chest should be avoided. The left hand is considered unclean so do not give or receive anything with it. Pointing with the fingers or feet is considered rude. Use your thumb to point and don't cross your legs when sitting with someone. It is also advisable not to touch anyone (including children) on the head which is seen as sacred. If you visit an Indonesian home, a mosque or a temple, remove your shoes before entering. Indonesians love small talk (*obrolan*). Expect to be asked personal questions about your age, religion and marital status from virtual strangers. Dress, particularly for women, should always be modest. Shorts and revealing tops are inappropriate.

2.1 Greetings

Good morning, Sir	*Selamat pagi, Tuan*
Good morning, Madam	*Selamat pagi, Nyonya*
Good morning, Sri	*Selamat pagi, Ibu Sri*
Good morning, Peter	*Selamat pagi, Pak Peter*
Hello, Peter	*Halo, Peter*
Hi, Helen	*Hai, Helen*
Good afternoon, madam	*Selamat siang, Nyonya*
Good afternoon, sir	*Selamat siang, Tuan*
Good afternoon/evening	*Selamat siang/malam*

How are you?/How are things?	*Apa kabar?/Bagaimana kabarnya?*
Fine, thank you, and you?	*Baik, dan Anda?*
Very well, and you?	*Sehat-sehat saja, dan Anda?*
So-so	*Lumayan*
Not very well	*Kurang baik*
Not bad	*Biasa*
I'm going to leave	*Saya akan pergi*
I have to be going, someone's waiting for me	*Saya harus pergi, ada yang menunggu saya*
Good-bye (to someone leaving)	*Selamat jalan*
Good-bye (to someone staying)	*Selamat tinggal*
See you later	*Sampai bertemu*
See you soon	*Sampai nanti*
See you another time	*Sampai bertemu di lain waktu*
Sweet dreams	*Mimpi indah*
Good night	*Selamat tidur*
All the best	*Sukses!*
Have fun	*Selamat bersenang-senang*
Have a nice vacation	*Selamat berlibur*
Bon voyage/Have a good trip	*Selamat jalan*
Thank you, the same to you	*Sama-sama*
Give my regards to…	*Tolong titip salam kepada…*
Say hello to…	*Salam buat…*

2.2 Asking a question

Who?	*Siapa?*
Who's that?/Who is it?/ Who's there?	*Siapa itu?/Siapa ini?/Siapa di sana?*
What?	*Apa?*
What is there to see?	*Ada apa saja di sana?*
What star hotel is it?	*Hotel ini bintang berapa?*
Where? (location)	*Di mana?*
Where's the bathroom?	*Di mana kamar mandi?*
Where? (direction)	*Ke mana?*
Where are you going?	*Ke mana Anda akan pergi?*
Where are you from?	*Dari mana Anda berasal?*
How far is that?	*Berapa jauhnya?*
How long does that take?	*Berapa lama ke sana?*
How long is the trip?	*Berapa lama perjalanan ini?*
How much?	*Berapa (harganya)?*
How much is this?	*Berapa (harga) ini?*
What time is it now?	*Jam berapa sekarang?*
Which one(s)?	*Yang mana?*
Which glass is mine?	*Mana gelas saya?*
When?	*Kapan?*
When are you leaving?	*Kapan Anda akan pergi?*
Why?	*Mengapa?/Kenapa?*
Could you...?	*Bisa...?*

Could you help me, please?	*Bisa tolong saya?*
Could you show me, please?	*Tolong pandu saya*
Could you come with me, please?	*Tolong ikut saya*
Could you book me some tickets, please?	*Tolong pesankan karcis*
Could you recommend another hotel?	*Apa bisa rekomendasikan hotel lain?*
Do you know…?	*Apa Anda tahu…?*
Do you know whether…?	*Apakah…?*
Do you have…?	*Apa ada…?*
Do you have a…for me?	*Apa ada…untuk saya?*
Do you have a vegetarian dish, please?	*Apa ada makanan vegetarian?*
I would like…	*Saya mau…*
I'd like a kilo of apples, please	*Saya mau satu kilo apel*
Can I/May I?	*Bisa? Boleh?*
Can/May I take this?	*Bisa/Boleh ambil ini?*
Can I smoke here?	*Boleh merokok di sini?*
Could I ask you something?	*Boleh tanya sesuatu?*

2.3 How to reply

Yes, of course	*Ya, tentu saja*
No, I'm sorry	*(Tidak,) maaf*
Yes, what can I do for you?	*Ya, apa yang bisa saya bantu?*

Just a moment, please	*Tunggu sebentar*
No, I don't have time now	*Maaf, saya tidak ada waktu sekarang*
No, that's impossible	*Maaf, itu tidak mungkin*
I think so/I think that's right	*Saya rasa begitu/Saya rasa itu sungguh benar*
I agree	*Saya setuju*
I hope so too	*Mudah-mudahan*
No, not at all/Absolutely not	*Oh tidak/Pasti tidak*
No, one	*Tidak seorangpun*
Nothing	*Tidak ada*
That's right	*Benar/Betul*
Something's wrong	*Ada yang salah/Ada yang tidak benar*
I agree/don't agree	*Saya setuju/tidak setuju*
OK/it's fine	*Oke/tidak apa*
OK, all right	*Oke/baiklah*
Perhaps/maybe	*Mungkin/barangkali*
I don't know	*Saya tidak tahu*

2.4 Thank you

Thank you	*Terima kasih*
You're welcome	*Sama-sama/Terima kasih kembali*
Thank you very much/ Many thanks	*Terima kasih banyak*
Very kind of you	*Anda baik sekali*

My pleasure	*Dengan senang hati*
I enjoyed it very much	*Saya sangat menikmatinya*
Thank you for…	*Terima kasih atas…*
You shouldn't have/That was so kind of you	*Anda baik benar/Anda sangat baik*
Don't mention it!	*(Terima kasih) kembali!*
That's all right	*Tidak apa*

2.5 I'm sorry

Sorry	*Maaf*
I'm sorry	*Maafkan saya*
I'm sorry, I didn't know that…	*Maaf, saya tidak tahu kalau…*
I didn't mean it/It was an accident	*Maksud saya tidak begitu/ Itu tidak sengaja*
That's all right	*Tidak apa-apa*
Never mind/Forget it	*Tidak apa-apa/Lupakan saja*
It could happen to anyone	*Bisa terjadi pada siapapun*

2.6 What do you think?

Which do you prefer/ like best?	*Mana yang Anda lebih suka/ Mana yang Anda paling suka?*
What do you think?	*Bagaimana menurut Anda?*
Don't you like dancing?	*Anda suka berdansa, kan?*
I don't mind	*Boleh saja*

Well done!	*Hebat!*
Not bad	*Lumayan*
Great!	*Hebat!*
Wonderful!	*Bagus sekali!*
How lovely!	*Sungguh menyenangkan!*
I am pleased for you	*Saya senang...*
I'm delighted to...	*Saya sangat gembira...*
I'm not very happy to...	*Saya tidak suka...*
It's really nice here!	*Sungguh menyenangkan di sini!*
How nice	*Menyenangkan sekali!*
How nice for you!	*Alangkah menyenangkan...*
I'm (not) very happy with...	*Saya (kurang) senang dengan...*
I'm glad that...	*Saya senang bahwa...*
I'm having a great time...	*Saya sangat menikmatinya...*
I can't wait till tomorrow/ I'm looking forward to tomorrow	*Saya tidak sabar menunggu besok*
I hope it works out	*Semoga lancar*
How awful!	*Mengerikan sekali!*
It's horrible	*Menakutkan*
That's ridiculous!	*Tidak masuk akal*
That's terrible!	*Jelek sekali*
What a pity/shame!	*Sayang sekali!*
How disgusting!	*Menjijikkan!*
What nonsense/How silly!	*Omong kosong!/Bodoh sekali!*

I don't like it/them	*Saya tidak suka ini/mereka*
I'm bored to death	*Saya bosan sekali*
I'm fed up	*Saya bosan/jemu*
This is no good	*Ini kurang bagus*
This is not what I expected	*Ini tidak seperti yang diharapkan*

3 Small Talk

3. Small Talk

3.1 Introductions

May I introduce myself?	*Kenalkan*
My name's…	*Nama saya…*
I'm…	*Saya…*
What's your name?	*Siapa namanya?/Siapa nama Anda?*
May I introduce…?	*Saya mau memperkenalkan…*
This is my wife/husband	*Ini istri/suami saya*
This is my daughter/son	*Ini anak saya*
This is my mother/father	*Ini ibu/bapak saya*
This is my fiancée/fiancé	*Ini tunangan saya*
This is my friend	*Ini kawan/teman saya*
How do you do?	*Apa kabar?*
Hi!	*Hai!*
Pleased to meet you	*Senang bertemu dengan Anda*
Where are you from?	*Dari mana asalnya?*
I'm American	*Saya orang Amerika*
What city do you live in?	*Tinggal di kota mana?*
In…, It's near…	*Di…, dekat…*
Have you been here long?	*Apa sudah lama di sini?*
A few days	*Beberapa hari*
How long are you staying here?	*Berapa lama akan menginap di sini?*

We're (probably) leaving tomorrow/in two weeks	*Kami (mungkin) akan jalan lagi besok/dalam dua minggu*
Where are you staying?	*Menginap di mana?*
I'm staying in a hotel/ guesthouse	*Saya menginap di hotel/losmen*
At a campsite	*Di perkemahan*
I'm staying with friends/ relatives	*Saya menginap dengan teman/ saudara*
Are you here on your own?/ Are you here with your family?	*Apa Anda di sini sendirian?/ Apa Anda di sini dengan keluarga?*
I'm on my own	*Saya sendirian*
I'm with my partner/wife/ husband	*Saya bersama isteri/suami saya*
– family	*dengan keluarga*
– relatives	*dengan keluarga/saudara*
– a friend/friends	*dengan teman*
Are you married?	*Apa sudah nikah?*
Are you engaged?	*Apa sudah bertunangan?*
Do you have a boyfriend girlfriend?	*Apa sudah punya pacar?*
That's none of your business	*Maaf, itu urusan saya*
I'm married	*Saya sudah nikah*
I'm single	*Saya belum nikah*
I'm separated	*Kami sudah pisah*
I'm divorced	*Saya sudah cerai*
I'm a widow/widower	*Saya janda/duda*

I live alone/with someone	*Saya tinggal sendirian/dengan kawan*
Do you have any children/ grandchildren?	*Apa sudah punya anak/cucu?*
How old are you?	*Berapa umurnya?*
How old is he/she?	*Berapa umurnya?*
I'm…(years old)	*Saya berumur…tahun*
She's/he's…years old	*Dia berumur…tahun*
What do you do for a living?	*Apa pekerjaannya?*
I work in an office	*Saya kerja di kantor*
I'm a (school/university) student	*Saya pelajar/mahasiswa*
I'm unemployed	*Saya sedang tidak bekerja*
I'm retired	*Saya sudah pensiun*
I'm a housewife	*Saya ibu rumah tangga*
Do you like your job?	*Apa Anda suka pekerjaannya?*
Most of the time!	*Pada umumnya, suka!*

3.2 I beg your pardon?

I don't speak any/ I speak a little…	*Saya tidak bisa berbahasa…/ Saya bisa sedikit berbahasa…*
I'm American	*Saya orang Amerika*
Do you speak English	*Apa Anda bisa bahasa Inggris?*
Is there anyone who speaks…?	*Apa ada orang yang bisa berbahasa…?*

I beg your pardon?	*Maaf/Kenapa?*
I (don't) understand	*Saya (tidak) mengerti*
Do you understand me?	*Apa Anda mengerti saya?*
Could you repeat that, please?	*Bisa ulangi?*
Could you speak more slowly, please	*Tolong bicara lebih pelan*
What does that mean/ that word mean?	*Apa artinya?/Apa arti kata itu?*
It's more or less the same as...	*Kurang lebih sama dengan...*
Could you write that down for me, please	*Tolong ditulis*
Could you spell that for me, please	*Tolong dieja*

See also 1.9 Telephone alphabet

Could you point that out in this phrase book, please	*Tolong ditunjuk di buku ini*
Just a minute, I'll look it up	*Sebentar, saya akan cari*
I can't find the word/ the sentence	*Kata itu/Kalimat itu tidak ada*
How do you say that in...?	*Bagaimana mengatakannya dalam...?*
– Indonesian	*- Bahasa Indonesia*
– Javanese	*- bahasa Jawa*
– Balinese	*- bahasa Bali*
How do you pronounce that?	*Bagaimana mengucapkannya?*

3.3 Starting/ending a conversation

Could I ask you something?	*Boleh tanya sesuatu?*
Excuse/Pardon me	*Permisi/Maaf*
Could you help me please?	*Bisa minta tolong?*
Yes, what's the problem?	*Ya, apa masalahnya?*
What can I do for you?	*Apa yang bisa saya bantu?*
Sorry, I don't have time now	*Maaf, saya tidak ada waktu sekarang*
Do you have a light?	*Boleh pinjam korek api?*
May I join you?	*Boleh gabung dengan Anda?*
Could you take a picture of me/us?	*Bisa tolong ambilkan foto saya/kami?*
Leave me alone!	*Tinggalkan saya!*
Get lost!	*Pergilah!*
Go away or I'll scream	*Pergi atau saya akan berteriak*

3.4 A chat about the weather

See also 1.5 The weather

It's so hot/cold today!	*Panas sekali/dingin sekali hari ini!*
Isn't it a lovely day?	*Hari yang indah ya?*
All that rain!	*Benar-benar hujan!*
It's so foggy!	*Sangat berkabut!*
Has the weather been like this for long here?	*Apa cuaca sudah lama seperti ini?*
Is it always this hot/cold here?	*Apa selalu panas/dingin seperti ini di sini?*

| Is it always this dry/ humid here? | *Apa selalu kering/lembab di sini?* |

3.5 Hobbies

Do you have any hobbies?	*Apa Anda punya hobi?*
I like knitting/reading/ photography	*Saya suka merajut/membaca/ fotografi*
I enjoy listening to music	*Saya suka mendengarkan musik*
I play the guitar/piano	*Saya main gitar/piano*
I like the cinema/films	*Saya suka nonton filem*
I like traveling/playing sports/going fishing/ going for a walk	*Saya suka jalan-jalan/berolah raga/ memancing*

3.6 Invitations

Are you doing anything tonight?	*Apa Anda ada acara nanti malam?*
Do you have any plans for today/this afternoon/ tonight?	*Apa Anda ada rencana hari/siang/ malam ini?*
Would you like to go out with me?	*Apa Anda mau jalan-jalan dengan saya?*
Would you like to go dancing with me?	*Apa Anda mau pergi dansa dengan saya?*
Would you like to have lunch/dinner with me?	*Apa Anda mau makan siang/ malam dengan saya?*
Would you like to come to the beach with me?	*Apa Anda mau pergi ke pantai dengan saya?*

Would you like to come into town with us?	Apa Anda mau ikut ke kota dengan kami?
Would you like to come and see some friends with us?	Apa Anda mau bertemu teman-teman dengan kami?
Shall we…	Mau…
– dance?	dansa?
– sit at the bar?	duduk di bar?
– get something to drink?	pesan minuman?
– go for a walk/drive?	berjalan-jalan/jalan-jalan naik mobil?
Yes, all right	Ya, baiklah
Good idea	Boleh juga
No (thank you)	Tidak, terima kasih
Maybe later	Mungkin nanti
I don't feel like it	Saya tidak mau
I don't have time	Saya tidak ada waktu
I already have a date	Saya sudah ada janji
I'm not very good at dancing/volleyball/swimming	Saya tidak pandai dansa/main bola voli/berenang

3.7 Paying a compliment

You look great!	Anda tampak rapi (m.)/cantik (f.)!
I like your car!	Saya suka mobilnya
You are very kind	Anda baik sekali
What a good boy/girl	Anak yang baik
You're a good dancer!	Anda pandai berdansa

| You're a very good cook | *Anda pandai masak* |
| You're a good soccer player! | *Anda pemain sepak bola yang baik!* |

3.8 Intimate comments/questions

I like being with you	*Saya/Aku suka berduaan dengan kamu*
I've missed you so much	*Saya/Aku sudah rindu kamu*
I dreamt about you	*Saya (aku) memimpikan kamu*
I think about you all day	*Saya/Aku ingat kamu sepanjang hari*
You have such a sweet smile	*Senyum kamu manis*
You have such beautiful eyes	*Mata kamu indah*
I'm fond of you	*Saya/Aku suka kamu*
I'm in love with you	*Saya/Aku jatuh cinta dengan kamu*
I'm in love with you too	*Saya (aku) juga jatuh cinta sama kamu*
I love you	*Saya (aku) mencintai kamu*
I love you too	*Saya (aku) mencintaimu juga*
I don't feel as strongly about you	*Saya tidak cinta Anda*
I already have a boyfriend/ girlfriend	*Saya sudah ada pacar*
I'm not ready for that	*Saya belum siap untuk itu*
I don't want to rush into it	*Saya tidak mau buru-buru*
Take your hands off me	*Tolong jangan sentuh saya*
Okay, no problem	*Baiklah, tidak apa-apa*

Will you spend the night with me?	*Mau habiskan malam ini bersamaku?*
I'd like to go to bed with you	*Saya/Aku mau tidur dengan kamu*
Only if we use a condom	*Hanya kalau pakai kondom*
We have to be careful about AIDS	*Kita harus hati-hati dengan AIDS*
That's what they all say	*Semua orang bilang begitu*
We shouldn't take any risks	*Sebaiknya jangan ambil resiko*
Do you have a condom?	*Apa ada kondom?*
No? Then the answer's no	*Tidak ada? Tidak, kalau begitu*

3.9 Congratulations and condolences

Happy birthday/ Many happy returns	*Selamat ulang tahun*
Please accept my condolences	*Saya turut berduka cita*
My deepest sympathy	*Turut berduka cita*

3.10 Arrangements

When will I see you again?	*Kapan bisa bertemu lagi?*
Are you free over the weekend?	*Apa kamu ada waktu pada akhir minggu?*
What's the plan, then?	*Jadi apa rencananya*
Where shall we meet?	*Di mana sebaiknya bertemu?*
Will you pick me/us up?	*Mau jemput saya/kami?*

Shall I pick you up?	*Mau saya jemput?*
I have to be home by…	*Saya harus pulang sebelum…*
I don't want to see you anymore	*Saya tidak mau bertemu kamu lagi*

3.11 Being the host(ess)

See also 4 Eating out

Can I offer you a drink?	*Boleh saya belikan minuman?*
What would you like to drink?	*Anda mau minum apa?*
Something non-alcoholic, please.	*Minta yang bukan alkohol*
Would you like a cigarette/ cigar?	*Anda mau rokok/cerutu?*
I don't smoke	*Saya tidak merokok*

3.12 Saying good-bye

Can I take you home?	*Boleh saya antar pulang?*
Can I write/call you?	*Boleh saya mengirim surat/ menelepon?*
Will you write/call me?	*Anda mau berkirim surat/ menelepon?*
Can I have your address/ phone number/ email address?	*Boleh minta alamat/nomor telepon/ alamat imel?*
Thanks for everything	*Terima kasih atas semuanya*
It was a lot of fun	*Itu sangat menyenangkan*

Say hello to…	*Salam buat…*
All the best	*Sukses ya!*
Good luck!	*Sukses!*
When will you be back?	*Kapan kembali?*
I'll be waiting for you	*Saya/Aku akan menunggu*
I'd like to see you again	*Saya/Aku mau ketemu lagi*
See you later	*Sampai jumpa*
I hope we meet again soon	*Semoga bisa cepat bertemu lagi*
Here's our address, if you're ever in the United States	*Ini alamat kami, kalau Anda pergi ke Amerika Serikat*
You'd be more than welcome	*Anda ditunggu dengan senang hati*

4 Eating Out

4. Eating Out

- **Eating out in Indonesia** is an enjoyable experience whether you are interested in sampling local, regional or international cuisine. In major cities and tourist estinations such as Jakarta and Bali, French, Chinese, Korean, Japanese and Italian food is readily available in restaurants and hotels. Fast-food chains such as McDonald's and KFC also have many outlets in cities and larger towns.

Rice is the staple food throughout Indonesia and is eaten with nearly every meal. Breakfast (*sarapan*) generally consists of coffee (either black or with milk), and *nasi goreng* (fried rice) or *bubur ayam* (chicken and rice porridge). Lunch (*makan siang*), eaten between 1 and 2.30 pm, includes a hot dish and is considered the most important meal of the day. Lunch and dinner usually consist of three dishes: rice, a main dish of meat or fish, and vegetables or salad or fruit.

Meat and vegetables are cut into small pieces before cooking, and may be served in a spicy sauce with rice on plates or bowls placed on the table or, in humbler dwellings, on a mat on the floor. Visitors can also sample Indonesian specialties such as *sate*, *rendang* and *gado gado* from vendors including street carts known as *kaki lima* and market stalls called *warung*. Restaurants range from cheap local outlets called *rumah makan* (eating houses) to *restoran*, which are generally more up-market.

At the restaurant

I'd like to order a table for seven o'clock	*Saya mau pesan meja untuk jam tujuh (malam)*
A table for two, please	*Untuk dua orang*
We've/we haven't reserved	*Kami sudah/belum pesan*
Is the restaurant open yet?	*Apa (restoran) sudah buka?*

What time does the restaurant open/close?	*Jam berapa restorannya buka/tutup?*
Can we wait for a table?	*Bisa kami tunggu?*
Do we have to wait long?	*Apa kami harus tunggu lama?*
Is this seat taken?	*Apa kursi ini kosong?*
Could we sit here/there?	*Boleh kami duduk di sini/di sana?*
Can we sit by the window?	*Boleh kami duduk dekat jendela?*
Are there any tables outside?	*Apa ada meja di luar?*
Do you have another chair for us?	*Apa ada kursi tambahan?*
Do you have a high chair?	*Apa ada kursi anak?*
Is there a socket for this bottle-warmer?	*Apa ada stop kontak untuk memanaskan botol ini?*
Could you warm up this bottle/jar for me, please?	*Bisa minta tolong panaskan botol ini?*
Not too hot, please	*Tolong jangan terlalu panas*
Is there somewhere I can change the baby's diaper?	*Apa ada tempat ganti popok bayi di sini?*
Where are the restrooms?	*Di mana kamar kecil?*

Apa Anda sudah pesan tempat?	Do you have a reservation?
Atas name siapa?	What name, please?
Silakan	This way, please
Meja ini telah direservasi	This table is reserved
Meja kosong siap lima belas menit lagi	We'll have a table free in fifteen minutes
Apa Anda mau menunggu?	Would you mind waiting?

4.2　Ordering

Waiter/Waitress!	*Pelayan!/Mas! (m.)/ Bung! (m.)/ Mbak! (f.) /Kak! (f.)*
Madam!	*Ibu!*
Sir!	*Bapak!*
We'd like something to eat/a drink	*Kami mau pesan makanan/minuman*
We don't have much time	*Kami tidak punya waktu lama*
We'd like to have a drink first	*Kami mau minum dulu*
Could we see the menu/ drinks list, please?	*Boleh lihat menu/daftar minuman?*
Do you have a menu in English?	*Apa ada menu dalam bahasa Inggris?*
Do you have a dish of the day?	*Apa ada makanan spesial hari ini?*
We haven't made a choice yet	*Kami belum selesai memilih*
What do you recommend?	*Apa rekomendasi Anda?*
What are the specialities/ your specialities?	*Apa yang khas di sini?/Apa makanan spesial di restoran ini?*
I like watermelon	*Saya suka buah semangka*
I don't like meat/fish	*Saya tidak suka daging/ikan*
What's this?	*Apa ini?*
Does it have…in it?	*Apa mengandung…?*
Is it stuffed?	*Isinya apa?*
What does it taste like?	*Rasanya seperti apa?*
Is this a hot or cold dish?	*Apa ini makanan panas atau dingin?*

Is this sweet?	*Apa ini manis?*
Is this hot/spicy?	*Apa ini pedas?*
Do you have anything else, by any chance?	*Apakah ada yang lain?*
I'm vegetarian	*Saya vegetarian*
Do you have any food that is just vegetables? (no meat, chicken, fish)	*Apa ada makanan yang hanya sayur saja? (tidak ada daging, ayam, ikan)*
I'm on a salt-free diet	*Saya tidak boleh makan lemak*
I can't eat pork	*Saya tidak makan (daging) babi*
I can't have sugar	*Saya tidak pakai gula*
I'm on a fat-free diet	*Saya tidak makan makanan berlemak*
I can't have spicy food	*Saya tidak makan makanan yang pedas*
We'll have what those people are having	*Kami mau pesan makanan seperti orang itu*
I'd like…	*Saya mau…*
We're not having…dish	*Kami tidak mau pesan makanan…*
Could I have some more rice, please?	*Boleh minta tambah nasi?*
Could I have another bottle of water, please?	*Boleh minta air satu botol lagi?*
Could I have another portion of…, please?	*Boleh tambah satu porsi…*
Could I have the salt and pepper, please?	*Bisa minta garam dan merica?*
Could I have a napkin please?	*Boleh minta serbet makan?*

Could I have a teaspoon, please?	*Boleh minta sendok teh?*
Could I have an ashtray, please?	*Boleh minta asbak?*
Could I have some matches, please?	*Boleh minta korek api?*
Could I have some toothpicks, please?	*Boleh minta tusuk gigi?*
Could I have a glass of water, please?	*Boleh minta segelas air putih?*
Could I have a straw, please?	*Boleh minta sedotan?*
Enjoy your meal/ Bon appetit	*Selamat makan/Selamat menikmatil*
You too!	*Selamat makan!*
Cheers!	*Cheers!*
The next round's on me	*Saya giliran berikutnya*
Could we have a doggy bag, please?	*Boleh minta ini dibungkus?*

Mau pesan apa?	What would you like?
Sudah siap pesan?	Have you decided?
Mau pesan minuman dulu?	Would you like a drink first?
...sudah habis	We've run out of...
Selamat makan/Selamat menikmati	Enjoy your meal/Bon appetit
Apa semuanya oke?	Is everything all right?
Boleh saya bersihkan mejanya?	May I clear the table?

4.3 The bill

See also 8.2 Settling the bill

How much is this dish?	*Berapa, makanan ini?*
Could I have the bill, please?	*Minta bon*
All together	*Semuanya*
Everyone pays separately	*Kami bayar sendiri-sendiri*
Could we have the menu again, please?	*Boleh lihat menunya lagi?*
The…is not on the bill	*…tidak ada dalam rekening*

4.4 Complaints

It's taking a very long time	*Lama sekali*
We've been here an hour already	*Kami sudah satu jam di sini*
This must be a mistake	*Pasti ada kesalahan*
This is not what I ordered	*Ini bukan yang saya pesan*
I ordered…	*Tadi saya pesan…*
There's a dish missing	*Satu pesanan belum datang*
This is broken/not clean	*Ini rusak/kotor*
The food's cold	*Makanannya sudah dingin*
The food's not fresh	*Makanannya tidak segar*
– too salty/sweet/spicy	*Makanannya terlalu asin/manis/pedas*
The meat's not rare	*Dagingnya kurang mentah*
The meat's overdone	*Dagingnya hangus*

The meat's tough	*Dagingnya masih keras*
The meat has gone bad	*Dagingnya sudah bau*
Could I have something else instead of this?	*Boleh ganti yang lainnya?*
The bill is not right	*Tagihannya salah*
We didn't have this	*Kami tidak pesan ini*
There's no toilet paper in the restroom	*Tidak ada tisu WC di kamar kecil*
Will you call the manager, please?	*Bisa panggilkan manajer?*

Paying a compliment

That was a wonderful meal	*Makanannya lezat sekali*
The food was excellent	*Makanannya enak sekali*
The…in particular was delicious	*Makanan…yang paling enak*

The menu

ayam chicken	*lauk/sayur* side dishes/vegetables	*pajak tambahan* cover charge
buah fruit	*makanan kecil* starter/snacks	*sambal* chili sauce
daging meat	*makanan pembuka* first course	*sayuran* vegetables
es krim ice cream	*makanan utama* main course	*rujak* mixed fruit salad

ikan fish	*menu istimewa* specialties	*salad* salad
kambing goat	*kue/puding* cakes/desserts/puddings	*sup/sop/soto* soup
mi noodles	*kerupuk udang/ikan* prawn/fish crackers	*pajak* tax
nasi putih steamed rice	*pajak pelayanan (termasuk)* service charge (included)	*roti* bread

Drinks and dishes

Drinks

● **It is wise** to be cautious about what you drink in Indonesia. Tap water is unsafe to drink without boiling first, and it is best to avoid ice in more isolated areas. Restaurants and hotels will often provide a jug of boiled water with a meal. Soft drinks, bottled water and alcohol are widely available throughout Indonesia. Anker and Bintang are the most popular local beers. Tea and coffee are served throughout the country, though it can be difficult to obtain fresh milk outside major cities.

Fruit

● **Tropical fruits** are abundant and delicious in Indonesia and should not be missed. They include the starfruit (*belimbing*), a yellow star-shaped fruit; the *duku*, a small, brown-skinned fruit with sweet white flesh; the *durian*, famous for its distinctive aroma; the *jambu klutuk* or guava; the many varieties of *mangga* or mangoes; and of course the *rambutan*, a hairy red fruit which is similar in taste to the lychee.

Alphabetical list of the most popular Indonesian dishes

Bakar: charcoal-grilled (chicken or fish).

Balado: fried seasoned spicy coating, usually for sun-dried meat or eggs.

Bubur ayam: a chicken and rice porridge traditionally served for breakfast, though now available throughout the day in many hotel restaurants.

Capcay: mixed stir-fried vegetables with meat, chicken and seafood.

Gado-gado: steamed vegetable salad (cabbage, green bean or long bean), sweetcorn, hard-boiled eggs, tofu, fried potato and crackers served with peanut sauce dressing.

Goreng: deep-fried (chicken or fish).

Gulai: Indonesian-style chicken (**gulai ayam**), beef (**gulai daging**), goat (**gulai kambing**), fish (**gulai ikan**) or vegetable (**gulai sayur**) curry.

Mi goreng: fried noodles with meat and vegetables.

Nasi goreng: this fried rice is a common dish, often combined with chicken, shrimp or meatballs and topped with fried egg, cucumber and tomato.

Nasi rames: a rice platter consisting of chicken, beancurd and vegetables.

Rendang: dry beef curry.

Rijsttafel: "rice table", an Indonesian-Dutch mixture consisting of a variety of meats, fish, vegetables and curries such as **sate**, **ayam goreng**, etc.

Sate: comprises cubes of charcoal-grilled chicken, beef or mutton served with a spicy sauce of peanut, soy, chilli and garlic and garnished with cucumber pickles.

Soto: a tasty yellow soup that can be made with chicken (**soto ayam**) and bean sprouts, vermicelli, cabbage and fried potato on top, or with beef (**soto daging**) or intestines (**jeroan**). In some parts of Indonesia coconut milk is added to produce a thicker soup.

5 Getting Around

5. Getting Around

5.1 Asking directions

Excuse me, could I ask you something?	*Permisi, boleh tanya?*
I've lost my way	*Saya tersesat*
Is there a...around here?	*Apa ada...di daerah sini?*
Is this the way to...?	*Apa ini jalan ke...?*
Could you tell me how to get to...?	*Bagaimana kalau mau ke...?*
What's the quickest way to...?	*Bagaimana jalan paling cepat ke...?*
How many kilometers is it to...?	*Berapa kilometer ke...?*
Could you point it out on the map?	*Bisa tunjukkan itu di peta?*

Saya tidak tahu, saya tidak tahu jalan sekitar sini	I don't know, I don't know my way around here
Anda salah jalan	You're going the wrong way
Anda harus kembali ke...	You have to go back to...
Dari sana, ikuti saja tanda-tanda	From there on just follow the signs
Kalau sudah sampai di sana, tanya saja lagi	When you get there, ask again

Belok kanan Turn right	*Lurus* Go straight ahead	*Ikuti/terus* Follow
Belok kiri Turn left	*menyeberang* Cross	*bangunan* building

di sudut at the corner	**jembatan penyeberangan** overpass	**jalan raya** road/street
jembatan bridge	**tanda berikan jalan** 'yield'/'give way' sign	**(tanda) panah** arrow
sungai river	**tanda jalan/panah ke...** signs pointing to	**terowongan** tunnel
lampu lalu lintas traffic light		

5.2 Traffic signs

tempat parkir car park	**awas tanah longsor** beware, falling rocks, landslides
bahaya/berbahaya danger(ous)	**perempatan/persimpangan** intersection/crossroads
banyak anak-anak children	**pindah jalur** change lanes
berhenti stop	**pompa bensin** service station
satu arah one way	**bunderan** traffic circle/roundabout
dilarang belok no right/left turn	**dilarang masuk/bukan jalan umum** no access
dilarang masuk no entry	**lampu lalu lintas/lampu merah** traffic signal
pekerjaan jalan road works	**tempat penyebrangan** traffic island/pedestrian walk
pelan-pelan slow down	**dilarang masuk/dilarang parkir** no passing/no parking
keluar exit	**jalan tertutup** road blocked/closed
terowongan tunnel	**bahu jalan/jalur darurat** emergency lane/hard shoulder

jalan bergelombang rough road	*perlintasan kereta api* level crossing
jalan ditutup road closed	*jalan satu arah* one way traffic
jalan licin slippery when wet	*kecepatan maksimum* maximum speed
jalan menyempit road narrows	*kendaraan berat* heavy trucks
jalan mobil driveway	*nyalakan lampu* turn on headlights (in tunnel)
dilarang memutar no U-turn	*dilarang menghalangi* do not obstruct
tetap di jalur right of way	*tetap kanan/kiri* keep right/left
hati-hati beware	*dilarang menumpang* no hitchhiking
tikungan curves, bend	*penyeberangan* zebra crossing
uang tol toll payment	

 The car

See the diagram on page 63

● **Driving** can be a pleasant though challenging way of sight-seeing in Indonesia. You will need an international driver's license and cars can easily be hired in the major tourist centers.

Indonesians drive on the left side of the road. Traffic in cities and towns can seem chaotic to tourists, and some towns have a complex system of one-way roads that can prove confusing. Larger vehicles, by virtue of their size, usually have the right of way, and cutting in front of other vehicles is not uncommon. Signposting can also be poor. Hitchhiking is uncommon and not recommended in Indonesia.

The parts of a car
(the diagram shows the numbered parts)

1	battery (car)	*aki*
2	rear light	*lampu belakang*
3	rear-view mirror	*kaca spion belakang*
	backup light	*lampu tambahan*
4	aerial	*antena*
	car radio	*radio mobil*
5	gas tank	*tangki bensin*
6	spark plugs	*busi*
	fuel pump	*pompa bahan bakar*
7	side mirror	*kaca spion*
8	bumper	*bemper*
	carburettor	*karburator*
	crankcase	*bak engkol mesin*
	cylinder	*silinder*
	ignition	*pengapian*
	warning light	*lampu darurat*
	generator	*generator*
	accelerator	*pedal gas*
	handbrake	*rem tangan*
	valve	*katup*
9	muffler	*knalpot*
10	trunk	*bagasi mobil*
11	headlight	*lampu depan*
	crank shaft	*tangkai engkol*
12	air filter	*saringan udara*
	fog lamp	*lampu kabut*
13	engine block	*blok mesin*
	camshaft	*poros nok*
	oil pump	*pompa oli*
	dipstick	*batang cedokan*
	pedal	*pedal*
14	door	*pintu*
15	radiator	*radiator*
16	brake disc	*keping rem*
	spare tire	*ban serep*
17	indicator	*lampu sein*
18	windshield	*kaca depan mobil*
	wiper	*pembersih kaca mobil/wiper*
19	shock absorbers	*peredam getar, sokbreker*
	sunroof	*kap mobil*
	spoiler	*spoiler*
20	steering column	*batang setir*
	steering wheel	*roda setir*

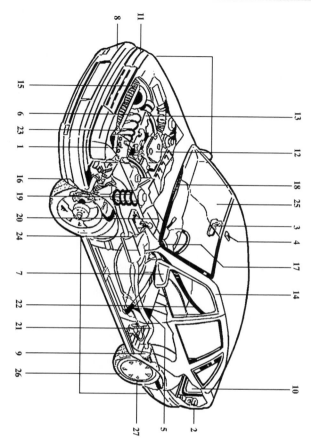

21	exhaust pipe	*knalpot*
22	seat belt	*sabuk pengaman*
	fan	*kipas*
23	distributor	*distributor/pembagi arus*
	cables	*kabel*
24	gear shift	*roda persneling/roda gigi*
25	windshield	*kaca depan mobil*
	water pump	*pompa air*
26	wheel	*roda*
27	hubcap	*tutup velg/dop roda*
	piston	*silinder, seher*

5.4 The gas/petrol station

● **Gas stations** in Indonesia are called *pompa bensin*, and gas is relatively cheap.

How many kilometers to the next gas station, please?	*Berapa kilometer ke pompa bensin terdekat?*
I would like…liters of…, please	*Saya mau…liter*
– super	*premium*
– diesel	*solar/biosolar*
…rupiah worth of gas	*…rupiah*
Fill her up, please	*Tolong diisi penuh*
Could you check…?	*Tolong periksa…*
– the oil level	*olinya*
– the tire pressure	*tekanan ban*
Could you change the oil, please?	*Tolong ganti olinya*
Could you clean the windows/windshield, please?	*Tolong bersihkan kaca mobil/kaca depan*
Could you wash the car, please?	*Tolong cuci mobilnya*

5.5 Breakdowns and repairs

I've broken down! Could you give me a hand?	*Mobil saya mogok! Tolong bantu saya*
I've run out of gas	*Bahan bakar habis*

I've locked the keys in the car	*Kuncinya tertinggal di dalam mobil*
The car/motorcycle won't start	*Mobil/sepeda motor ini tidak mau jalan*
Could you contact the toll road service, please?	*Tolong hubungi layanan derek di jalan tol*
Could you give me a lift to…?	*Bisa menumpang sampai…?*
– the nearest garage?	*bengkel terdekat?*
– the nearest town?	*kota terdekat?*
– to the nearest telephone booth?	*telepon umum terdekat?*
Could you tow me to a garage?	*Tolong derek mobil saya ke bengkel*
There's probably something wrong with… (See pages 62–63)	*Mungkin…nya rusak*
Can you fix it?	*Bisa diperbaiki?*
Could you fix my tire?	*Bisa perbaiki ban saya?*
Could you change this wheel?	*Bisa ganti rodanya?*
Can you fix it so it'll get me to…?	*Bisa diperbaiki supaya saya bisa ke…?*
Which garage can help me?	*Bengkel mana yang dapat menolong saya?*
When will my car/bicycle be ready?	*Kapan mobil/sepeda/saya siap?*
Have you already finished?	*Apa sudah selesai?*
Can I wait for it here?	*Bisa ditunggu?*

How much will it cost?	*Berapa ongkosnya?*
Could you itemize the bill?	*Tolong tulis perincian bonnya*
Could you give me a receipt for insurance purposes?	*Bisa minta kwitansi?*

5.6 Motorcycles and bicycles

See the diagram on page 69

● **Motorcycles and bicycles** can be rented throughout
Indonesia and spare parts are usually available. Motorcyclists
should have a license and it is illegal to ride without a helmet.
Cycling in Indonesia can be dangerous, particularly on Java
which is mountainous and where traffic is heavy.

Kami tidak punya suku cadang/ onderdil untuk mobil/ sepeda (motor) Anda	I don't have parts for your car/ (motor)bike
Saya harus cari suku cadang/ onderdil dari tempat lain	I have to get the parts from somewhere else
Saya harus pesan suku cadang/ onderdil itu	I have to order the parts
Perlu waktu setengah hari	That'll take half a day
Perlu waktu satu hari	That'll take a day
Perlu waktu beberapa hari	That'll take a few days
Perlu waktu satu minggu	That'll take a week
Mobil Anda hancur total	Your car is a write-off
Tidak bisa diperbaiki	It can't be repaired
Mobil/sepeda motor/sepeda akan siap pada jam...	The car/motorbike/bicycle will be ready at...o'clock

5.7 Renting a vehicle

I'd like to rent a…	*Saya mau sewa…*
Do I need a special license for that?	*Apa perlu SIM khusus?*
I'd like to rent the…	*Saya ingin sewa…*
– for a day	*untuk satu hari*
– for two days	*untuk dua hari*
How much is that per day/week?	*Berapa per hari/per minggu?*
How much is the deposit?	*Berapa uang muka/DPnya?*
Could I have a receipt for the deposit?	*Bisa minta bon uang muka/DPnya?*
Does that include gas?	*Apa sudah termasuk bensin?*
What time can I pick the…up?	*Jam berapa saya bisa ambil…?*
When does the…have to be back?	*Kapan…harus dikembalikan?*
Where's the gas tank?	*Di mana tangki bensinnya?*
What sort of fuel does it take?	*Apa jenis bahan bakarnya?*

The parts of a motorcycle/bicycle

(the diagram shows the numbered parts)

1	rear lamp	*lampu belakang*
2	rear wheel	*roda belakang*
3	luggage carrier	*tempat bagasi*
4	bicycle fork	*garpu sepeda*
5	bell	*bel*
	inner tube	*ban dalam*
	tire	*ban*
6	pedal crank	*tangkai pedal*
7	gear change	*persneling, gigi*
	wire	*kabel*
	generator	*generator*
8	wheel guard	*spakbor*
9	chain	*rantai*
	chain guard	*ketengkas*
	odometer	*odometer*
	child's seat	*jok/kursi anak*
10	headlight	*lampu depan*
	bulb	*bola lampu*
11	pedal	*pedal*
12	pump	*pompa*
13	reflector	*cermin cahaya*
14	brake shoe	*sepatu rem*
15	brake cable	*kabel rem*
16	anti-theft device	*kunci pengaman*
17	carrier straps	*penyangga barang*
	tachometer	*tachometer*
18	spoke	*jari-jari, ruji*
19	mudguard	*slebor*
20	handlebar	*stang*
21	chain wheel	*roda gigi*
	toe clip	*roda rantai*
22	crank axle	*poros tangkai engkol*
	drum brake	*tromol*
23	rim	*pelek/velg*
24	valve	*pentil*
25	gear cable	*kabel kecepatan*
26	fork	*garpu sepeda*
27	front wheel	*roda depan*
28	seat	*sadel, tempat duduk*

Getting Around

5

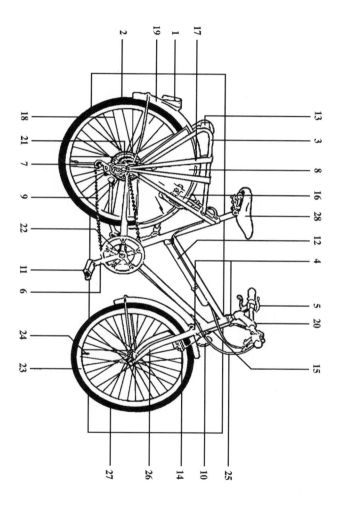

6 Arrival and Departure

6. Arrival and Departure

General

● **Buses** are the main form of public transportation in Indonesia and most areas are well serviced. Tickets for long distance journeys can be booked through travel agents or at bus company offices, which are often located at bus depots in the center of town. Prices vary according to the quality of service, and buses range from *bis ekonomi* (which are cheap but often crowded and hot) to *bis pariwisata* (which are tourist buses with air conditioning and extra leg-room). Minibuses and converted pick-ups called *bemos* and *angkots* also operate on many shorter routes.

Announcements

Kereta api jam...tujuan ...terlambat sekitar...menit	The [time] train to...has been delayed by approximately... minutes
Kereta api tujuan ke...tiba di jalur...	The train to...is now arriving at platform...
Kereta dari...akan tiba di jalur...	The train from...is now arriving at platform...
Kereta ke...akan diberangkatkan dari jalur...	The train to...will leave from platform...
Kereta api jam...tujuan...akan diberangkatkan dari jalur...	Today the [time] train to... will leave from platform...
Stasiun berikutnya adalah...	The next station is...

Where does this train go?	*Kereta api ini pergi ke mana?*
Does this boat go to...?	*Apa kapal ini pergi ke...?*
Can I take this bus to...?	*Apa bisa naik bis ini ke...?*

Does this train stop at…?	*Apa kereta api ini berhenti di…?*
Is this seat free?	*Apa tempat ini kosong?*
I've reserved…	*Saya sudah pesan…*
Could you tell me where I have to get off for…?	*Tolong beritahu nanti kalau sudah sampai di…*
Could you let me know when we get to…?	*Bisa tolong beritahu waktu sampai di…*
Could you stop at the next stop, please?	*Tolong berhenti di halte berikutnya*
Where are we now?	*Di mana sekarang?*
Do I have to get off here?	*Apa saya harus turun di sini?*
Have we already passed…?	*Apa kita sudah lewat…?*
How long have I been asleep?	*Berapa lama saya tertidur?*
How long does…stop here?	*Berapa lama kereta api ini berhenti di sini?*
Can I come back on the same ticket?	*Boleh kembali dengan karcis yang sama?*
Can I change on this ticket?	*Bisa pindah/ganti kereta api dengan karcis ini?*
How long is this ticket valid for?	*Berapa lama karcis ini berlaku?*
How much is the extra fare for the high speed train?	*Berapa biaya tambahan untuk kereta api ekspres?*

6.2 Immigration/customs

● **All visitors** to Indonesia must have a passport valid for at least six months from the date of arrival, as well as show a return or through ticket. For citizens of ASEAN countries, visas are not required for a stay of up to 60 days. A 30-day visa on arrival is available for US, UK, Australian and most Western European nationals. Check your nation's visa requirements at the nearest Indonesian consulate or embassy. This visa cannot be easily extended and employment is strictly forbidden.

Travelers are permitted a duty-free allowance of 1 liter of alcohol, 200 cigarettes and 50 cigars or 100g of tobacco. Each traveler may carry no more than Rp.5.000.000 (five million rupiah) out of the country, though this amount may be subject to change. There are no restrictions on foreign currency and traveler's checks. Drugs, firearms and pornography are prohibited, while recording devices should be declared. Most visitors arrive by air and there is an airport tax for both international and domestic travel.

Paspor?	Your passport, please
Visa?	Your visa, please
Surat-surat kendaraan	Your vehicle documents, please
Mau pergi ke mana?	Where are you heading?
Berapa lama tinggal di sini?	How long are you planning to stay?
Ada yang harus dilaporkan?	Do you have anything to declare?
Tolong ini dibuka	Open this, please

My children are entered on this passport	*Anak masuk di paspor saya*
I'm traveling through	*Saya dalam perjalanan*
I'm going on vacation to…	*Saya akan liburan ke…*
I'm on a business trip	*Saya dalam perjalanan bisnis*
I don't know how long I'll be staying	*Saya belum tahu berapa lama akan tinggal di sini*

I'll be staying here for a weekend	*Saya akan tinggal di sini selama akhir minggu*
I'll be staying here for a few days	*Saya akan tinggal di sini selama beberapa hari*
I'll be staying here for a week	*Saya akan tinggal di sini selama satu minggu*
I'll be staying here for two weeks	*Saya akan tinggal di sini selama dua minggu*
I've got nothing to declare	*Tidak ada yang mau/harus dilaporkan*
I have...	*Saya ada...*
– a carton of cigarettes	*satu slop rokok*
– a bottle of...	*satu botol...*
– some souvenirs	*beberapa cindera mata/oleh-oleh/ sovenir*
These are personal effects	*Ini barang-barang pribadi*
These are not new	*Ini tidak baru*
Here's the receipt	*Ini kwitansinya*
This is for private use	*Ini untuk keperluan sendiri*
How much import duty do I have to pay?	*Berapa pajak bea cukai harus saya bayar?*
May I go now?	*Boleh pergi sekarang?*

6.3 Luggage

Porter!	*Porter!/Mas!/Pak!*
Could you take this luggage to...?	*Bisa tolong bawa koper ini ke...?*
How much do I owe you?	*Berapa?*

Where can I find a luggage cart?	*Di mana bisa dapat troli barang?*
Could you store this luggage for me?	*Tolong titipkan koper ini*
Where are the luggage lockers?	*Di mana loker bagasi?*
I can't get the locker open	*Saya tidak bisa buka lokernya*
How much is it per day?	*Berapa biaya sewa per hari?*
This is not my bag/suitcase	*Ini bukan tas/koper saya*
There's one item/bag/ suitcase missing	*Ada satu barang/tas/koper yang hilang*
My suitcase is damaged	*Koper saya rusak*

 ## **Questions to passengers**

Ticket types

Kelas eksekutif atau kelas bisnis?	Executive or business class?
Sekali jalan atau pulang pergi?	Single or return?
Merokok atau tidak merokok?	Smoking or non-smoking?
Jendela?	Window or aisle?
Depan atau belakang?	Front or back?
Ekonomi atau kelas satu?	Economy or first class?
Kabin atau tempat duduk?	Cabin or seat?
Untuk satu orang atau dua orang?	Single or double?
Untuk berapa orang?	How many are traveling?

Destination

Anda mau ke mana?	Where are you traveling?
Kapan Anda akan berangkat?	When are you leaving?
...Anda berangkat pada...(jam)	Your...leaves at...(time)
Anda harus pindah/ganti	You have to change
Anda harus turun di...	You have to get off at...
Anda harus pergi lewat/melalui...	You have to go via...
Perginya pada...(hari/tanggal)	The outward journey is on...(day/date)
Pulangnya/kembalinya pada...	The return journey is on...
Anda harus sudah naik pada jam...	You have to be on board by...o'clock

Inside the vehicle

Karcis?	Tickets, please
Bukti reservasi/Pesanan?	Your reservation, please
Paspor?	Your passport, please
Sepertinya Anda salah tempat	You're in the wrong seat
Mungkin Anda salah	You have made a mistake
Tempat duduk ini sudah ada orangnya/Ini sudah direservasi	This seat is reserved
Anda harus bayar biaya tambahan	You'll have to pay extra
...ditunda selama...menit	The...has been delayed by...minutes

6.5 Tickets

Where can I...?	*Di mana saya bisa...?*
– buy a ticket?	*beli karcis?*
– reserve a seat?	*pesan tempat?*
– reserve a flight?	*pesan pesawat?*
Could I have...for...please?	*Bisa minta...untuk...?*
A single to..., please	*Minta karcis sekali jalan ke...*
A return ticket, please	*Minta karcis pulang pergi*
executive class	*kelas eksekutif*
business class	*kelas bisnis*
economy class	*kelas ekonomi*
I'd like to reserve a seat/ berth/cabin	*Saya mau pesan tempat/kereta tidur/kabin*
I'd like to reserve a top/ middle/bottom berth in the sleeping car	*Saya mau pesan tempat tidur di atas/tengah/bawah di kereta tidur*
smoking/no smoking	*merokok/tidak merokok*
by the window	*dekat jendela*
single/double	*satu/dua*
at the front/back	*di depan/belakang*
There are...of us	*Kami ber...*
We have a car	*Kami ada satu mobil*
We have...bicycles	*Kami ada...sepeda*
Do you have a...	*Apa ada...*
– weekly travel card?	*karcis mingguan?*

– monthly tickets?	*karcis bulanan/langganan?*
Where's…?	*Di mana…?*
Where's the information desk?	*Di mana loket informasi?*

6.6 Information

Where can I find a schedule?	*Di mana bisa lihat jadwal?*
Where's the…desk?	*Di mana meja…?*
Where's the bus station?	*Di mana terminal (bis)?*
Do you have a city map with the bus routes on it?	*Apa ada peta kota dengan rute bis?*
Do you have a schedule?	*Apa ada jadwal?*
Will I get my money back?	*Apa uang saya dapat dikembalikan?*
I'd like to confirm/cancel/ change my reservation for/ trip to…	*Saya ingin konfirmasi/membatalkan/ mengubah reservasi/perjalanan ke…*
I'd like to go to…	*Saya mau pergi ke…*
What's the quickest way to get there?	*Jalan paling cepat ke sana lewat mana?*
How much is a single/ return to…?	*Berapa harga karcis sekali jalan/ pulang pergi ke…?*
Do I have to pay extra?	*Apa ada biaya tambahan?*
Can I break my journey with this ticket?	*Bisa turun dulu lalu pakai karcis ini lagi?*
How much luggage am I allowed?	*Bagasi boleh berapa kilo?*
Is this a direct train?	*Apa ini kereta langsung?*

Do I have to change?	*Apa saya harus pindah/ganti?*
Where?	*Di mana?*
Does the plane stop anywhere?	*Apa pesawatnya berhenti di mana-mana?*
Is the plane direct or does it stop anywhere?	*Apa pesawatnya langsung atau singgah dulu?*
Does the boat stop at any ports on the way?	*Apa kapal ini berhenti di pelabuhan lain selama perjalanan?*
Does the train/bus stop at…?	*Apa kereta/bis ini berhenti di…?*
Where do I get off?	*Di mana saya turun?*
Is there a connection to…?	*Apa ada perjalanan lanjutan ke…?*
How long do I have to wait?	*Berapa lama harus menunggu?*
When does…leave?	*Kapan…berangkat?*
What time does the first/next/last…leave?	*Jam berapa…yang pertama/berikut/terakhir berangkat?*
How long does…take?	*Berapa lama?*
What time does…arrive in…?	*Jam berapa…akan sampai di…?*
Where does the…to…leave from?	*Di mana…ke…berangkat?*
Is this the train/bus to…?	*Apa kereta api/bis ini pergi ke…?*

6.7 Airports

● **Flying** is a convenient means of travel within Indonesia. Fares are relatively low and airlines such as Garuda and Merpati fly to all major cities throughout the country. Tickets can be booked at airline offices, online or through travel agents. It is generally cheaper to purchase tickets within Indonesia rather than from home.

On arrival at an Indonesian airport (*bandara*), you will find the following signs:

internasional international	*kedatangan* arrivals	*penerbangan domestik/ dalam negeri* domestic flights
keberangkatan departures	*lapor* check-in	

The national shipping company PELNI operates modern passenger ships with sleeping berths, air conditioning and restaurants throughout the archipelago. Tickets can be booked at Pelni offices in most towns or through travel agents.

6.8 Trains

● **Train travel** in Indonesia is limited to Java and some areas of Sumatra. There are three classes: Executive, which is air-conditioned and has reclining seats; Business (which has aerial fans); and Economy, which can be over-crowded and run-down. It is advisable to book executive and business tickets well in advance through a travel agent or at major railway stations.

6.9 Taxis

● **Metered taxis** operate in the major cities and tourist areas. If you take an unmetered taxi, you should negotiate a price before starting your journey. You can also hire a bicycle rickshaw or *becak* for shorter trips though these are now banned in central Jakarta.

disewakan for hire	*isi/ada orangnya* occupied	*pangkalan taksi* taxi stand

Taxi!	*Taksi!*
Could you get me a taxi, please?	*Tolong carikan taksi*
Where can I find a taxi around here?	*Di mana bisa dapat taksi?*
Could you take me to…, please?	*Tolong antar saya ke…*
Could you take me to this address, please?	*Tolong antar saya ke alamat ini*
– to the…hotel, please	*tolong ke hotel…*
– to the town/city center, please	*tolong ke pusat kota*
– to the station, please	*tolong ke stasiun*
– to the airport, please	*tolong ke bandara/airport*
How much is the trip to…?	*Berapa ke…?*
How far is it to…?	*Berapa jauh dari sini ke…?*
Could you turn on the meter, please?	*Bisa pakai argo?*
I'm in a hurry	*Saya sedang terburu-buru*
Could you speed up/slow down a little?	*Bisa lebih cepat/lebih pelan?*
Could you take a different route?	*Bisa ambil jalan lain?*
I'd like to get out here, please	*Saya mau turun di sini/Setop di sini*
Go…	*Ayo…*
You have to go…here	*Anda harus jalan…di sini*
Go straight ahead	*Lurus/Terus*

Turn left	*Belok kiri*
Turn right	*Belok kanan*
This is it/We're here	*Ini dia/Kita sudah sampai*
Could you wait a minute for me, please?	*Tolong tunggu sebentar*

7 A Place to Stay

7. A Place to Stay

7.1 General

● **Accommodation** in Indonesia is plentiful and varied. Hotels can range from luxury resorts in Jakarta and Bali to fairly basic guesthouses (or *losmen*), depending on your budget. Hotels are required to advertise room rates and will usually do so at the front door or at the reception desk. It is always worth bargaining over the price as many, particularly the more expensive ones, may be willing to offer "discounts". Most hotels will offer different rooms at different rates, depending on whether they have air conditioning or fans and private bathroom facilities.

Cheaper hotels and guesthouses in smaller towns will usually have "squat" rather than western-style toilets, and feature a *bak mandi* (water tank) for bathing. Don't climb into the tank, but pour the water over yourself with a ladle.

Berapa lama akan menginap?	How long will you be staying?
Tolong isi formulir ini	Fill out this form, please
Boleh lihat paspornya?	Could I see your passport?
Kami perlu uang muka/deposit	I'll need a deposit
Anda harus bayar di muka	You'll have to pay in advance

My name is…	*Nama saya…*
I've made a reservation	*Saya sudah pesan*
How much is it per night/ week/ month?	*Berapa biaya per malam/minggu/ bulan?*
We'll be staying at least…nights/weeks	*Kami akan menginap paling tidak selama…/malam/minggu*

We don't know yet	*Kami belum tahu*
Do you allow pets (cats/dogs)?	*Apa binatang peliharaan (kucing/anjing) dibolehkan?*
What time does the door close?	*Jam berapa pintu masuk ditutup?*
Could you get me a taxi, please?	*Tolong carikan taksi*
Is there any mail for me?	*Apa ada surat buat saya?*

7.2 Hotels/motels/guesthouses

Do you have a single/double room available?	*Apa ada kamar dengan dua/satu tempat tidur?*
per person/per room	*per orang/per kamar*
Does that include breakfast/lunch/dinner?	*Apa sudah termasuk sarapan/makan siang/makan malam?*
Could we have two adjoining rooms?	*Boleh kami dapat dua kamar yang berhubungan?*
with/without toilet/bath/shower	*dengan/tanpa kamar kecil/kamar mandi/pancuran mandi*
facing the street	*menghadap jalan*
at the back	*di belakang*
with/without sea view	*dengan/tanpa pemandangan laut*
Is there…in the hotel?	*Apa ada…di hotel?*
Is there an elevator in the hotel?	*Apa ada lift di hotel?*
Do you have room service?	*Apa ada layanan kamar?*
Could I see the room?	*Boleh lihat kamarnya?*

I'll take this room	*Saya ambil kamar ini*
We don't like this one	*Kami tidak suka kamar ini*
Do you have a larger/less expensive room?	*Apa ada kamar yang lebih besar/ lebih murah?*
Could you put in a cot?	*Bisa minta boks bayi?*
What time's breakfast?	*Jam berapa sarapan?*
Where's the dining room?	*Di mana ruang makan?*
Can I have breakfast in my room?	*Boleh makan pagi di kamar?*
Where's the emergency exit/fire escape?	*Di mana tangga darurat?*
Where can I park my car?	*Di mana bisa parkir mobil?*
The key to room…please	*Minta kunci kamar nomor…*
Could you put this in the safe, please?	*Tolong simpan ini di brankas*
Could you wake me at…o'clock tomorrow?	*Tolong bangunkan saya pada jam… besok*
Could I have an extra blanket/pillow?	*Boleh minta selimut/bantal tambahan?*
Could you find a babysitter for me?	*Boleh minta selimut tambahan?*

Kamar kecil dan kamar mandi ada di lantai yang sama/ di dalam kamar	The toilet and shower are on the same floor/in the room
Silakan	This way, please
Kamar Anda di lantai…nomor…	Your room is on the…floor, number…

| When do the cleaners come in? | *Jam berapa petugas kebersihan datang?* |
| When are the sheets/towels/ dish towels changed? | *Kapan seprei/handuk/handuk piring diganti?* |

7.3 Complaints

We can't sleep for the noise	*Kami tidak bisa tidur karena ribut*
Could you turn the television/radio down, please?	*Tolong kecilkan televisi/radionya*
We're out of toilet paper	*Kami kehabisan tisu WC/tisu gulung*
There aren't any.../There's not enough...	*Tidak ada.../Tidak ada cukup...*
The bed linen's dirty	*Seprei kasurnya kotor*
The room hasn't been cleaned	*Kamarnya belum dibersihkan*
The kitchen is not clean	*Dapurnya tidak bersih*
The kitchen utensils are dirty	*Peralatan dapurnya kotor*
The air conditioning isn't working	*ACnya rusak*
There's no (hot) water/ electricity	*Tidak ada air (panas)/listrik*
...doesn't work/is broken	*...rusak*
Could you have that seen to?	*Tolong itu diperbaiki*
Could I have another room/ camp site?	*Bisa saya dapat kamar/lokasi lain?*

The bed creaks terribly	*Tempat tidurnya berkeriut sekali*
The bed sags	*Tempat tidurnya reot*
Could I have a board under the mattress?	*Bisa minta papan di bawah kasur?*
It's too noisy	*Ini sangat berisik*
There are a lot of insects/ bugs	*Ada banyak serangga/kutu*
This place is full of mosquitoes	*Banyak nyamuk di sini*
– cockroaches	*kecoa*

Departure

7.4

See also 8.2 Settling the bill

I'm leaving tomorrow	*Saya akan keluar besok*
Could I pay my bill, please?	*Saya mau membayar.*
What time should we check out?	*Jam berapa harus keluar?*
Could I have my deposit/ passport back, please?	*Bisa minta kembali uang muka/ paspor saya?*
We're in a big hurry	*Kami sedang terburu-buru*
Could you forward my mail to this address?	*Bisa teruskan surat saya ke alamat ini?*
Could we leave our luggage here until we leave?	*Boleh nitip koper di sini sampai kami berangkat?*
Thanks for your hospitality	*Terima kasih atas keramah- tamahannya*

Camping/backpacking

See the diagram on page 91

Anda bisa pilih lokasinya	You can pick your own site
Anda akan diberikan lokasi	You'll be allocated a site
Ini nomor tempat Anda	This is your site number
Tolong tempel ini di mobil Anda	Please stick this firmly to your car
Kartu ini tidak boleh hilang	You must not lose this card

Where's the manager? — *Di mana manajernya?*

Are we allowed to camp here? — *Apa kami boleh berkemah di sini?*

There are…of us, and we have…tents — *Kami ber…, dan punya…tenda*

Can we pick our own place? — *Boleh kami pilih lokasi sendiri?*

Do you have a quiet spot for us? — *Apa ada lokasi yang tenang?*

Do you have any other sites available? — *Apa ada lokasi lain yang kosong?*

It's too windy/sunny/shady here — *Terlalu berangin/panas/gelap di sini*

It's too crowded here — *Ini terlalu padat/ramai*

The ground's too hard/uneven — *Tanahnya terlalu keras/tidak rata*

Could we have adjoining sites? — *Boleh kami dapat lokasi yang berhubungan?*

Can we park the car next to the tent? — *Boleh kami parkir mobil di sebelah tenda?*

Camping/backpacking equipment
(the diagram shows the numbered parts)

	luggage space	*ruang bagasi*
	can opener	*bukaan kaleng*
	gas	*tabung gas*
	bottle	*botol*
1	pannier	*pannier*
2	gas cooker	*kompor gas*
3	groundsheet	*alas tenda*
	hammer	*palu*
	hammock	*tempat tidur gantung*
4	gas can	*tabung gas*
	campfire	*api unggun*
5	folding chair	*kursi lipat*
6	insulated picnic box	*kotak piknik*
	ice pack	*tempat es*
	compass	*kompas*
	corkscrew	*kotrek*
7	airbed	*kasur udara*
8	airbed pump	*pompa kasur udara*
9	awning	*pintu gulung*
10	sleeping bag	*kantong tidur*
11	saucepan	*panci*
12	handle (pan)	*pegangan (panci)*
	primus stove	*kompor kemah*
	lighter	*korek api/geretan*
13	backpack	*ransel*
14	guy rope	*tali tenda*
15	storm lantern	*lentera*
	camp bed	*velbed*
	table	*meja*
16	tent	*tenda*
17	tent peg	*pasak tenda*
18	tent pole	*tiang tenda*
	thermos	*termos*
19	water bottle	*botol air*
	clothes pin	*jepitan baju*
	clothes line	*jemuran*
	windbreak	*penahan angin*
20	flashlight	*lampu senter*
	penknife	*pisau lipat*

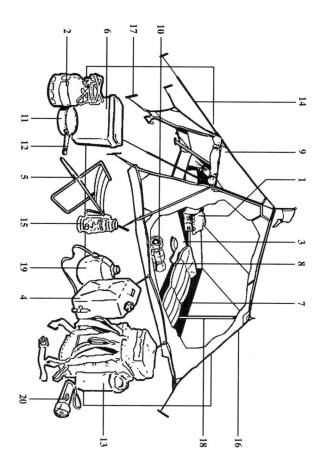

How much is it per person/ tent/trailer/car?	*Berapa biaya per orang/tenda/ rumah berkemah/mobil?*
Do you have chalets for hire?	*Apa bisa sewa vila?*
Are there any…?	*Ada…?*
– hot showers?	*air panas?*
– washing machines?	*mesin cuci?*
Is there a…on the site?	*Apa ada…di lokasi?*
Is there a children's play area on the site?	*Apa ada taman bermain di lokasi?*
Are there cooking facilities on the site?	*Apa ada perlengkapan masak di lokasi?*
Can I rent a safe?	*Bisa sewa tempat penitipan uang?*
Are we allowed to barbecue here?	*Apa kami boleh memakai barbekiu di sini?*
Are there any power outlets?	*Apa ada stop kontak?*
Is there drinking water?	*Apa ada air minum?*
When's the garbage collected?	*Kapan sampahnya diambil?*
Do you sell gas bottles?	*Apa ada yang jual tabung gas?*

8 Money Matters

8. Money Matters

- **Banks** are generally open 8 am to 3 or 4 pm, Mondays to Fridays. Some in larger cities are open Saturdays. You may cash traveler's checks and change currencies at banks, hotels and money changers. Money changers usually have better rates and are open longer. Credit cards are widely accepted and cash advances are available from banks in cities. Outside the major cities, it is best to carry US currency and some Rupiah. Make sure you have some smaller notes as taxi drivers and stall holders are unable to change large notes.

8.1 Banks

Where can I find a bank/ an exchange office around here?	*Di mana bank/tempat penukaran uang di sini?*
Where can I cash this traveler's check/giro check?	*Di mana tempat penukaran cek perjalanan/cek giro?*
Can I cash this…here?	*…ini bisa diuangkan di sini?*
Can I withdraw money on my credit card here?	*Bisa tarik uang dari kartu kredit di sini?*
What's the minimum/ maximum amount?	*Berapa jumlah minimumnya/ maksimumnya?*
Can I take out less than that?	*Bisa ambil kurang dari itu?*
I had some money cabled here	*Saya ada uang yang dikirim ke sini*
Has it arrived yet?	*Apa sudah sampai?*
These are the details of my bank in the US	*Ini data bank saya di Amerika*

This is the number of my bank/giro account	*Ini nomor bank/rekening giro saya*
I'd like to change some money	*Saya mau tukar uang*
– pounds into…	*dari pon sterling ke…*
– dollars into…	*dari dolar ke…*
What's the exchange rate?	*Berapa kursnya?*
Could you give me some small change with it?	*Tolong beri uang pecahan kecil juga*
This is not right	*Ini tidak benar*

Tolong tandatangan di sini	Sign here, please
Tolong isi di sini	Fill this out, please
Boleh lihat paspor Anda?	Could I see your passport, please?
Boleh lihat kartu identitas Anda?	Could I see your identity card, please?
Boleh lihat kartu cek Anda?	Could I see your check card, please?
Boleh lihat kartu bank Anda?	Could I see your bank card, please?

 8.2 Settling the bill

Could you put it on my bill?	*Bisa masukkan ke bill saya?*
Is the tip included?	*Apa servis sudah termasuk?*
Can I pay by…?	*Bisa bayar dengan…?*
Can I pay by credit card?	*Bisa bayar dengan kartu kredit?*

Can I pay by traveler's check?	*Bisa bayar dengan cek perjalanan?*
Can I pay with foreign currency?	*Bisa bayar dengan mata uang asing?*
You've given me too much/ you haven't given me enough change	*Kembaliannya terlalu banyak/ kembaliannya kurang*
Could you check this again, please?	*Tolong periksa ini lagi*
Could I have a receipt, please?	*Bisa minta kwitansinya?*
I don't have enough money on me	*Saya tidak membawa uang cukup*
This is for you	*Ini untuk Anda*
Keep the change	*Kembaliannya tidak usah*

| *Kami tidak terima kartu kredit/cek perjalanan/ mata uang asing* | We don't accept credit cards/ traveler's checks/foreign currency |

9 Mail, Phone and Internet

9. Mail, Phone and Internet

9.1 Mail

● **Postal services** are fairly efficient if slow in Indonesia. Post offices (*kantor pos*) are open from 8 am to 2 pm, Monday to Saturday. If a town does not have an official post office, it will have a postal agent which will often be open for extended hours. Letters and packages being sent overseas can be posted, insured and registered (*tercatat*) at any post office (mail boxes are less reliable). Express service within Indonesia (*kilat*) and registered delivery within Indonesia (*tercatat*) are also available. EMS is the fastest but most expensive overseas service. Travelers may also check their email in the increasing number of cybercafés throughout the country.

paket pos parcels	*perangko* stamps	*pos wesel* money orders

Where is…?	*Di mana…?*
– the nearest post office?	*kantor pos paling dekat?*
– the main post office?	*kantor pos pusat?*
– the nearest mail box?	*kotak surat paling dekat?*
Which counter should I go to…?	*Loket mana…?*
Which counter should I go to to send a fax?	*Loket mana untuk kirim faks?*
Which counter should I go to to change money?	*Loket mana untuk tukar uang?*
Which counter should I go to to change giro checks?	*Loket mana untuk tukar cek giro?*

Which counter should I go to to wire a money order?	*Loket mana untuk kirim pos wesel?*
Which counter should I go to for general delivery?	*Loket mana untuk benda pos biasa?*
Is there any mail for me?	*Apa ada surat untuk saya?*
My name's…	*Nama saya…*

Stamps

What's the postage for a…to…?	*Berapa ongkosnya untuk…ke…?*
Are there enough stamps on it?	*Apa perangkonya cukup?*
I'd like [quantity] [value] stamps	*Saya minta perangko…rupiah sebanyak…lembar*
I'd like to send this…	*Saya mau kirim ini…*
– express	*lewat pos kilat*
– by air mail	*lewat pos udara*
– by registered mail	*pos tercatat*

Fax

Can I make photocopies/ send a fax here?	*Bisa buat fotokopi/kirim faks di sini?*
How much is it per page?	*Berapa ongkos per halaman?*

 **Phone**

See also 1.9 Telephone alphabet

● **Indonesia** has an extensive telecommunications network and travelers can easily make international phone calls from public

telephones throughout the country that accept phone cards, or
wartels. These can accept either coins or phone cards.

Towns usually have phone offices (*wartel*, or *warpostel*, which
also handles post) where travelers can make calls, send faxes and
telexes and purchase phone cards. These centers are usually open
for business from early in the morning to late at night. *Wartel*
numbers have declined due to widespread mobile phone usage.

SLI international call	*SLJJ* long-distance call	*lokal* local call

Is there a phone booth around here?	*Apa ada telepon umum dekat sini?*
May I use your phone, please?	*Boleh pinjam teleponnya?*
Do you have a (city/region) phone directory?	*Apa ada buku petunjuk telepon (kota/daerah)?*
Where can I get a phone card?	*Di mana bisa beli kartu telepon?*
Could you give me…?	*Bisa minta…?*
– the number for international directory assistance?	*nomor bantuan direktori internasional?*
– the number of room…?	*nomor kamar…?*
– the international access code?	*kode akses internasional/kode negara tujuan?*
– the…(country) code?	*kode negara…?*
– the area code for…?	*kode wilayah untuk…?*
– the number of [subscriber]?	*nomor telepon…?*

Could you check if this number's correct?	*Bisa tolong periksa apakah nomor ini benar?*
Can I dial international direct?	*Bisa langsung telepon SLI?*
Do I have to go through the switchboard?	*Apa harus melalui penghubung?*
Do I have to dial '0' first?	*Apa saya harus putar nol dulu?*
Could you dial this number for me, please?	*Tolong putar nomor ini*
Could you put me through to extension…, please?	*Bisa tolong sambungkan saya ke pesawat…?*
I'd like to place a collect call to…	*Saya mau 'collect call' ke…*
What's the charge per minute?	*Berapa biaya per menit?*
Have there been any calls for me?	*Apa ada telepon untuk saya?*

Mobile phones

● **Indonesia** has a number of prepaid mobile phone cards which are widely sold. Credit is even easier to buy. You will also save on roaming costs if you buy a local card for your mobile phone.

I would like to buy a starter card	*Saya mau beli kartu perdana*
Which card do you recommend?	*Kartu mana yang disarankan?*
I want to make local/long distance/overseas calls	*Saya mau telepon ke nomor lokal/ jarak jauh/luar negeri*
Does this include Internet access?	*Apa ini termasuk akses ke internet?*
I send a lot of texts	*Saya banyak kirim SMS*

I want to buy…rupiah worth of credit	*Saya mau beli pulsa sebanyak… rupiah*

The conversation

Hello, this is…	*Halo, ini…*
Who is this, please?	*Dari mana/siapa?*
Is this…?	*Apa ini…?*
I'm sorry, I've dialed the wrong number	*Maaf, salah sambung*
I can't hear you	*Maaf, saya tidak bisa dengar*
I'd like to speak to…	*Saya mau bicara dengan…*
Is there anybody who speaks English?	*Apa ada orang yang bisa berbahasa Inggris?*
Extension…, please	*Tolong, pesawat nomor…*
Could you ask him/her to call me back?	*Tolong minta dia untuk hubungi saya kembali*
My name's…	*Nama saya…*
My number's…	*Nomor saya…*
Could you tell him/her I called?	*Tolong beritahu dia bahwa saya sudah telepon.*
I'll call back tomorrow	*Saya akan telepon lagi besok*

Ada telepon untuk Anda	There's a phone call for you
Anda harus putar nol dulu	You have to dial '0' first
Mohon ditunggu	One moment, please
Tidak ada jawaban	There's no answer

Salurannya sibuk	The line's busy
Apa Anda mau tunggu?	Do you want to hold?
Anda sedang disambungkan	Connecting you
Anda salah sambung	You've got a wrong number
Dia sedang tidak di tempat	He's/she's not here right now
Dia akan kembali pada jam...	He'll/she'll be back at…
Ini kotak suara/mesin penjawab...	This is the voice mail/answering machine of…

9.3 Internet cafés

● Internet cafes (*warung internet* or *warnet*) are easily found across Indonesia, especially around universities, in shophouse blocks, and commercial areas. They generally charge by the hour. Internet speed is often slow, particularly in remote areas, as broadband is limited to larger cities.

Can I use the Internet?	*Boleh saya pakai internet?*
I want to use it for…hours	*Saya mau pakai selama…jam*
What time can I use it?	*Jam berapa bisa pakai?*
Can I print, please?	*Boleh saya print?*
How much will it cost?	*Biayanya berapa?*
Do you have a computer with a camera?	*Apa punya komputer dengan kamera?*

10 Shopping

10. Shopping

● **Shop opening hours** vary in Indonesia but there are always good bargains to be found. Most shops open from 10 am to 9 pm, Monday to Sunday. The only day of the year that all shops close is the first day of the Idul Fitri holiday.

There are shopping centers throughout the cities and larger towns, and prices at these places and department stores will most likely be fixed. Market vendors and stall holders, however, will expect you to bargain. Start at 50–60% below the initial asking price. Once you have agreed on a price you must purchase the item.

barang kulit leather goods	*optik* optician	*binatu* laundry
barang pecah belah household goods	*apotek* pharmacy	*toko bunga* florist
bengkel garage, workshop	*pasar* market	*toko buku* bookshop
toko alat tulis/kantor stationery shop	*toko es krim* ice cream shop	*tukang cukur* barber's
toko buah dan sayuran fruit and vegetable shop	*toko swalayan* supermarket	*pakaian pria* menswear
pasar loak second-hand market	*pasar ikan* fish market	*toko parfum* perfumery
salon (kecantikan) beauty salon, hairdresser	*toko obat/jamu* herbalist's shop	*toko rokok* tobacconist
toko alat musik musical instrument shop	*toko olahraga* sporting goods	*toko roti* bakery
toko serba ada (toserba) department store	*toko pakaian* clothing shop	*toko sepatu* footwear
toko kue confectioner's/cake shop	*toko kelontong* cheap goods shop	*toko emas* jeweler's

kebun bibit, tempat jual tanaman
nursery (plants)

toko pramuka, toko peralatan perkemahan
camping supplies shop

toko jam tangan
watches and clocks

toko musik
music shop (CDs, tapes, etc)

penjual koran
newsstand

toko elektronik/ toko alat-alat listrik
household appliances (white goods)

tukang sepatu
cobbler

toko kamera
camera shop

tukang sayur
greengrocer

toko mainan
toy shop

10.1 Shopping conversations

Where can I get…?	*Di mana bisa dapat…?*
When is this shop open?	*Kapan toko ini buka?*
Could you tell me where the…department is?	*Bisa tolong tunjukkan di mana bagian…*
Could you help me, please?	*Saya minta tolong*
I'm looking for…	*Saya mencari…*
Do you sell English-language newspapers?	*Apa Anda menjual koran berbahasa Inggris?*

Apa Anda sedang dilayani?	Are you being served?

I'm just looking, if that's all right	*Lihat-lihat saja*

Ada yang lain?   Would you like anything else?

Yes, I'd also like…	*Ya, saya juga mau…*
No, thank you, that's all	*Tidak, terima kasih, sudah semuanya*
Could you show me…?	*Tolong tunjukkan…*
I'd prefer…	*Saya lebih suka…*
This is not what I'm looking for	*Ini bukan yang saya cari*
Not that, I'd like…	*Bukan itu, saya mau…*
Thank you, I'll keep looking	*Terima kasih, saya akan cari terus*
Do you have something…?	*Apa ada yang…?*
– less expensive?	*lebih murah?*
– smaller?	*lebih kecil?*
– larger?	*lebih besar?*
I'll take this one	*Saya yang ini*
Does it come with instructions?	*Apa ada petunjuknya?*
It's too expensive	*Ini terlalu mahal*
I'll give you…	*Saya akan beri…*
Could you keep this for me?	*Bisa tolong pegang/simpan ini dulu?*
I'll come back for it later	*Saya akan balik lagi nanti*
Do you have a bag for me, please?	*Apa ada tas/plastik?*
Could you gift wrap it, please?	*Tolong dibungkus kertas kado*

Maaf, kami tidak ada	I'm sorry, we don't have that
Maaf, sudah habis	I'm sorry, we're sold out
Maaf, tidak ada stok/persediaan sampai...	I'm sorry, it won't come back in until...
Silakan bayar di kasir	Please pay at the cash register
Kami tidak terima kartu kredit	We don't accept credit cards
Kami tidak terima cek perjalanan	We don't accept traveler's checks
Kami tidak terima mata uang asing	We don't accept foreign currency

 Food

I'd like a hundred grams of..., please	*Saya minta seratus gram...*
I'd like half a kilo/five hundred grams of...	*Saya minta setengah kilo/lima ratus gram...*
I'd like a kilo of...	*Saya minta satu kilo...*
Could you...it for me, please?	*Tolong...*
– slice/cut it up for me, please?	*dipotong-potong*
– peel it for me, please?	*dikupas*
Can I order it?	*Bisa pesan?*
I'll pick it up tomorrow/at...	*Saya akan ambil besok/pada...*
Can you eat/drink this?	*Bisa dimakan/diminum?*
What's in it?	*Apa isinya?*

I saw something in the window	*Saya lihat barang di etalase*
Shall I point it out?	*Boleh saya tunjukkan?*
I'd like something to go with this	*Saya mau sesuatu yang cocok dengan ini*
Do you have shoes to match this?	*Apa ada sepatu yang cocok dengan ini?*
I'm a size…in the U.S.	*Ukuran saya di Amerika…*
Can I try this on?	*Bisa dicoba?*
Where's the fitting room?	*Di mana kamar pas?*
It doesn't suit me	*Ini kurang cocok*
This is the right size	*Ukurannya pas*
It doesn't look good on me	*Kurang bagus untuk saya*
Do you have this/these in…?	*Apa ada ini di…?*
The heel's too high/low	*Tumitnya terlalu tinggi/rendah*
Is this real leather?	*Apa ini kulit asli?*
I'm looking for a…for a…year-old child	*Saya cari…untuk anak umur…*
I'd like a…	*Saya mau…*
– silk	*sutra*
– cotton	*katun*
– woolen	*wol*
– linen	*linen*
Will it shrink in the wash?	*Apa akan mengerut kalau dicuci?*

Cuci dengan mesin Machine washable	*Harus ditaruh rata* Lay flat	*cuci di binatu* dry cleaning
Cuci dengan tangan Hand wash	*Jangan putar kering* Do not spin dry	*Jangan disetrika* Do not iron

At the cobbler/shoemaker

Could you mend these shoes?	*Sepatu ini tolong diperbaiki*
Could you resole/reheel these shoes?	*Sol/tumit di sepatu ini tolong diganti*
When will they be ready?	*Kapan selesainya?*
I'd like…, please	*Saya mau…*
– a can of shoe polish	*sekaleng semir sepatu*
– a pair of shoelaces	*tali sepatu*

10.4 Cameras and photo prints

I'd like a film for this camera, please	*Minta satu rol filem untuk kamera ini*
I'd like a cartridge, please	*Minta satu kaset filem*
I'd like a memory card for this camera	*Saya minta kartu memori untuk kamera ini*
– a movie cassette, please	*satu kaset filem*
– a videotape	*satu kaset video*
– color/black and white	*warna/hitam putih*
– 12/24/36 exposures	*isi duabelas/duaempat/ tigapuluh enam*
– ASA number…	*nomor ASA…*

Problems

Could you load the film for me, please?	*Tolong pasangkan filemnya.*
Could you take the film out for me, please?	*Tolong keluarkan filemnya.*
Should I replace the batteries?	*Harus ganti batereinya?*
Could you have a look at my camera, please?	*Bisa periksa kamera saya?*
It's not working	*Ini macet*
The…is broken	*…rusak*
The film's jammed/broken	*Filemnya macet/putus*
The flash isn't working	*Lampu kilatnya tidak bekerja*

Processing and prints

I'd like to have this developed/printed, please	*Saya mau cuci cetak ini*
I'd like…prints from each negative	*Saya mau…buah untuk tiap klise/ negatif*
glossy	*mengkilap/glosi*
6x9	*ukuran enam (6) kali sembilan (9)*
I'd like to order reprints of these photos	*Saya mau mencetak ulang foto-foto ini*
I'd like to have this photo enlarged	*Saya mau foto ini diperbesar*
How much are the reprints?	*Berapa biaya cetak ulangnya?*
How much is it for enlargement?	*Berapa biaya foto yang diperbesar?*
When will they be ready?	*Kapan selesainya?*

10.5 At the hairdresser

Do I have to make an appointment?	*Apa harus buat janji?*
Can I come in right now?	*Bisa sekarang?*
How long will I have to wait?	*Berapa lama harus tunggu?*
I'd like a shampoo/haircut	*Saya mau cuci rambut/potong rambut*
I'd like a shampoo for oily/ dry hair, please	*Saya mau sampo untuk rambut berminyak/kering*
I'd like an anti-dandruff shampoo	*Saya mau sampo anti ketombe*
I'd like a color-rinse shampoo, please	*Saya mau sampo untuk rambut berwarna*
I'd like a shampoo with conditioner, please	*Saya mau sampo dengan pelembap*
I'd like highlights, please	*Saya mau di-highlight (dicat)*
Do you have a color chart, please?	*Apa ada gambar jenis warna?*
I'd like to keep the same color	*Saya mau warna yang sama dengan sekarang*
I'd like it darker/lighter	*Saya mau warna yang lebih gelap/ lebih terang*
I'd like/I don't want hairspray	*Saya mau/tidak mau pakai hairspray/semprotan rambut*
– gel	*jel*
– lotion	*losion*
I'd like a short fringe/bangs	*Saya mau poni pendek*

Not too short at the back	*Jangan terlalu pendek di belakang*
Not too long	*Jangan terlalu panjang*
I'd like it curly/wavy	*Saya mau dikeriting/ dibuat berombak*
I'd like it layered	*Minta rambutnya ditrap*
I'd like a completely different style/ a different cut	*Saya mau model yang benar-benar lain/potongan rambut yang lain*
I'd like it the same as in this photo	*Saya mau seperti yang di foto ini*
– as his/hers	*seperti orang itu*
Could you turn the drier up/ down a bit?	*Bisa besarkan/turunkan sedikit pengering rambutnya?*
I'd like a facial	*Saya mau difasial*
– a manicure	*manikur*
– a pedicure	*pedikur*
– a massage	*pijat*
Could you trim my..., please?	*Bisa tolong rapikan...saya?*
– bangs	*poni/rambut bagian depan*
– beard	*janggut*
– moustache	*kumis*
I'd like a shave, please	*Saya mau dicukur*
I'd like a wet shave, please	*Saya mau cukuran basah*

Mau dipotong seperti apa?	How do you want it cut?
Model apa yang diinginkan?	What style did you have in mind?
Warna apa yang diinginkan?	What color did you want it?
Ini tidak terlalu panas?	Is the temperature all right for you?
Mau bahan bacaan?	Would you like something to read?
Mau minum?	Would you like a drink?
Ini model yang diinginkan?	Is this what you had in mind?

Shopping

10

11 Tourist Activities

11. Tourist Activities

● **Directorate General of Tourism** offices (*Kanwil Deppar-postel*) are found throughout the country. Each province also has its own tourism authority with offices in most cities and towns. These are known as *Diparda* or *Dinas Pariwisata Daerah*. Offices in tourist areas can be helpful, with maps and plenty of information. Tourist office staff in smaller towns may not always be able to communicate in English.

11.1 Places of interest

● **Most museums** and tourist attractions will charge an entrance fee. These may range from Rp.500 to Rp.10.000. Most sites are generally open from 9 am to 3 pm throughout the week, including weekends, though it is advisable that you check opening hours before planning a visit. Make sure you remove your shoes before entering a mosque or a temple.

Where's the Tourist Information office, please?	*Di mana kantor (informasi) pariwisata?*
Do you have a city map?	*Apa ada peta kota?*
Where is the museum?	*Di mana musiumnya?*
Where can I find a church?	*Di mana ada gereja?*
Could you give me some information about...?	*Minta informasi tentang...*
How much is this?	*Berapa harganya?*
What are the main places of interest?	*Apa obyek wisata utamanya?*
Could you point them out on the map?	*Tolong tunjukkan di peta*
What do you recommend?	*Apa saran Anda?*

We'll be here for a few hours	*Kami di sini selama beberapa jam*
We'll be here for a day	*Kami di sini selama satu hari*
We'll be here for a week	*Kami di sini selama satu minggu*
We're interested in…	*Kami tertarik akan…*
Is there a scenic walk around the city?	*Kalau mau jalan-jalan di kota, sebaiknya lewat mana?*
How long does it take?	*Makan waktu berapa lama?*
Where does it start/end?	*Di mana mulainya/berakhirnya?*
Are there any boat trips?	*Apa ada perjalanan dengan kapal?*
Where can we board?	*Di mana naiknya?*
Are there any bus tours?	*Apa ada bis wisata?*
Where do we get on?	*Di mana naiknya?*
Is there a guide who speaks English?	*Apa ada pemandu wisata yang berbahasa Inggris?*
What trips can we take around the area?	*Perjalanan wisata apa yang ada sekitar ini?*
Are there any excursions/ guided tours?	*Apa bisa ikut tur?*
Where do they go?	*Ke mana tujuannya?*
We'd like to go to…	*Kami mau pergi ke…*
How long is the excursion/ guided tour?	*Berapa lama tur itu?*
How long do we stay in…?	*Berapa lama akan di sana?*
How much free time will we have there?	*Berapa lama waktu bebas di sana?*
We want to have a walk around/to go on foot	*Kami ingin jalan-jalan berkeliling/ jalan kaki*
Can we hire a guide?	*Bisa kami sewa pemandu wisata?*

11

Can we reserve a mountain hut?	*Bisa kami pesan pondok di gunung?*
What time does…open/close?	*Jam berapa bukanya/tutupnya?*
What days is…open/closed?	*Hari apa saja…bukanya/ditutup?*
What's the admission price?	*Berapa harga tanda masuknya?*
Is there a group discount?	*Apa ada potongan harga untuk rombongan?*
Is there a child discount?	*Apa ada potongan harga untuk anak-anak?*
Is there a discount for senior citizens?	*Apa ada potongan harga untuk pensiunan?*
Can I take (flash) photos/ can I film here?	*Apa boleh foto dengan blits/lampu kilat/Apa boleh ambil gambar di sini?*
Do you have any postcards of…?	*Apa ada kartu pos…?*
Do you have an English…?	*Apa ada…dalam bahasa Inggris?*
– catalogue?	*katalog/daftar?*
– program?	*program?*
– brochure?	*brosur?*

11.2 Going out

● **Information** about theater and the latest movies can be found in the entertainment sections of newspapers such as the *Jakarta Post* or *Jakarta Globe*. Large cities like Jakarta have plenty of cinemas showing the latest releases. Most are subtitled rather than dubbed, so the soundtrack is usually in English. Hotels and tourist information offices can advise you on where to see cultural activities such as traditional dance and **wayang** performances.

Do you have this week's/ month's entertainment guide?	*Apa ada program acara pertunjukan minggu/bulan ini?*
What's on tonight?	*Apa acaranya nanti malam?*
We want to go to…	*Kami mau pergi ke…*
What's playing at the cinema?	*Filem apa yang main di bioskop?*
What sort of film is that?	*Jenis filem apa?*
– suitable for everyone	*untuk semua umur*
– not suitable for people under 12/under 16	*untuk orang dewasa/enam belas tahun ke atas*
– original version	*versi asli*
– subtitled	*ada teks terjemahannya*
– dubbed	*disulih suaranya*
What's on at…?	*Apa acara di…?*
What's happening in the concert hall?	*Ada acara apa di gedung konser?*
Where can I find a good disco around here?	*Di mana diskotek yang bagus di sini?*
Where can I find a good nightclub around here?	*Di mana kelab malam di sini?*
Should I/we dress up?	*Apa harus berpakaian rapi?*
What time does the show start?	*Jam berapa pertunjukannya dimulai?*
When's the next soccer match?	*Kapan pertandingan sepak bola berikutnya?*
Who's playing?	*Siapa yang main?*

11.3 Booking tickets

Could you reserve some tickets for us?	*Bisa pesan karcis?*
We'd like to book…seats/ a table for…	*Kami ingin pesan…tempat duduk/ meja untuk…*
– front row seats/a table for…at the front	*tempat duduk di deretan depan/ meja untuk…di depan*
– seats in the middle/a table in the middle	*tempat duduk di tengah/meja di tengah*
– back row seats/a table at the back	*tempat duduk di deretan belakang/ meja di belakang*
Could I reserve…seats for the…o'clock performance?	*Bisa pesan…tempat untuk pertunjukan jam…*
Are there any seats left for tonight?	*Apa masih ada tempat untuk malam ini?*
How much is a ticket?	*Berapa harga karcisnya?*
When can I pick up the tickets?	*Kapan bisa ambil karcisnya?*
I've got a reservation	*Saya ada reservasi/Saya sudah pesan*
My name's…	*Nama saya…*

Pertunjukan yang mana yang mau dipesan?	Which performance do you want to reserve for?
Di mana Anda ingin duduk?	Where would you like to sit?
Semua sudah terjual habis	Everything's sold out
Tinggal bagian berdiri	It's standing room only
Tinggal tempat duduk deretan depan	We've only got front row seats left

Tinggal tempat duduk bagian belakang	We've only got seats left at the back
Berapa tempat duduk yang mau dipesan?	How many seats would you like?
Anda harus ambil tiket/ karcisnya sebelum jam...	You'll have to pick up the tickets before...o'clock
Tolong karcisnya?	Tickets, please
Ini tempat duduk Anda	This is your seat
Anda salah tempat	You are in the wrong seat

12 Sports Activities

12. Sports Activities

● **The most popular sports** in Indonesia are badminton and soccer. A form of martial arts called *pencak silat* is practiced in West Java and West Sumatra. Tourists can enjoy a variety of water sports in Indonesia, and Bali provides good facilities for snorkeling and scuba diving. Surfers also come from all parts of the world for the waves of Indonesia's west coast and Bali.

12.1 Sporting questions

Where can we…around here?	*Di mana bisa…di sekitar sini?*
Can I/we hire a…?	*Bisa saya/kami sewa…*
Can I/we take…lessons?	*Bisakah saya/kami belajar…*
How much is that per hour/ per day	*Berapa biaya per jam/per harinya?*
How much is each one?	*Berapa biaya masing-masing?*
Do you need a permit for that?	*Apa perlu izin?*
Where can I get the permit?	*Di mana bisa dapat izinnya?*

12.2 By the waterfront

Is it far (to walk) to the sea?	*Apa jauh ke laut?*
Is there a…around here?	*Apa ada…di sekitar sini?*
– a swimming pool	*kolam renang*

– a sandy beach	*pantai*
– mooring place/dock	*pelabuhan/dermaga*
Are there any rocks here?	*Apa ada karang di sini?*
When's high/low tide?	*Kapan laut pasang/surut?*
Is the water warm or cold?	*Apa airnya hangat atau dingin?*
Is it deep here?	*Apa ini dalam?*
Is it safe (for children) to swim here?	*Apa aman (untuk anak) berenang di sini?*
Are there any currents?	*Apa ada arus?*
Are there any rapids along this river?	*Apa ada riam di sungai ini?*
What does that flag/ buoy mean?	*Apa arti bendera/tanda itu?*
Is there a lifeguard on duty?	*Apa ada pengawas yang bertugas?*
Are dogs allowed here?	*Apa anjing boleh di sini?*
Is camping on the beach allowed?	*Apa boleh berkemah di pantai?*
Can we light a fire?	*Boleh kami menyalakan api unggun?*

Area pemancingan Fishing waters	*Dilarang berenang* No swimming	*Bahaya* Danger
Dilarang memancing No fishing	*Dilarang berselancar* No surfing	*Izin khusus* Permits only

At the martial arts/scuba diving lesson

Can I take…lessons here?   *Bisa saya belajar…di sini?*

For beginners/intermediates   *Untuk pemula/lanjutan*

How large are the groups?   *Berapa besar kelompok/grupnya?*

What languages are the classes in?   *Bahasa apa saja yang digunakan di kelas?*

Are the…open?   *Apakah…sudah buka?*

13 Health Matters

13. Health Matters

● **Hospitals and medical clinics** in the major cities of Indonesia are usually well equipped, and it is not difficult to find an English-speaking doctor. Practices are generally open in the late afternoon and evening. As you move into more isolated areas, western-style medical facilities become more scarce. Pharmacies (*apotek*) sell medication over the counter without prescription, and are easy to find in most towns and neighborhoods. It is advisable to take out a travel insurance policy that covers medical emergencies before visiting Indonesia.

13.1 Calling a doctor

Could you get a doctor quickly, please?	*Tolong panggilkan dokter cepat*
What are the doctor's consulting hours?	*Jam berapa dokternya praktek?*
When can the doctor come?	*Kapan dokternya bisa datang?*
Could I make an appointment to see the doctor?	*Bisa buat janji dengan dokter?*
I've got an appointment to see Dr…at…o'clock	*Saya ada janji dengan dokter…pada jam…*
Which doctor/pharmacy is on night/weekend duty?	*Dokter dan apotek mana yang buka pada malam hari/akhir pekan?*

13.2 What's wrong?

I don't feel well	*Saya tidak enak badan*
I'm ill	*Saya sakit*

I'm dizzy	*Saya pusing*
I feel sick (nauseous)	*Saya merasa mual*
I have diarrhea	*Saya sakit perut/mencret*
I've got a cold	*Saya pilek*
It hurts here	*Sakit di sini*
I've been sick (vomited)	*Tadi saya muntah*
I've got…	*Saya merasa…*
– a fever	*demam*
– dengue fever	*demam berdarah*
– cholera	*kolera*
– typhus/typhoid fever	*tipus*
– malaria	*malaria*
I'm running a temperature of…degrees	*Suhu badan saya sudah…derajat*
I've been…	*Saya…*
– stung by a wasp	*disengat tawon*
– stung by a mosquito	*digigit nyamuk*
– bitten by a dog	*digigit anjing*
– stung by a jellyfish	*tersengat ubur-ubur*
– bitten by a snake	*digigit binatang*
I've cut myself	*Saya luka terpotong*
I've burned myself	*Saya terbakar*
I've grazed/scratched myself	*Saya lecet*
I've had a fall	*Saya terjatuh*
I've sprained my ankle	*Kaki saya keseleo*

13.3 The consultation

Apa keluhannya?	What seems to be the problem?
Sudah berapa lama gejalanya?	How long have you had these complaints?
Apa pernah ada keluhan ini sebelumnya?	Have you had this trouble before?
Apa merasa demam? Apa ini?	Do you have a temperature? What is it?
Tolong buka bajunya	Get undressed, please
Tolong, buka bajunya sampai pinggang	Strip to the waist, please
Anda bisa buka bajunya di sana	You can undress there
Tolong gulung lengan sebelah kanan/kiri	Roll up your left/right sleeve, please
Tolong, berbaring di sini	Lie down here, please
Apa ini sakit?	Does this hurt?
Tarik nafas dalam-dalam	Breathe deeply
Buka mulutnya	Open your mouth

Patients' medical history

I'm a diabetic	*Saya diabetes/sakit kencing gula*
I have a heart condition	*Saya ada masalah jantung*
I'm asthmatic	*Saya ada asma*
I'm allergic to…	*Saya ada alergi terhadap…*
I'm…months pregnant	*Saya sedang hamil…bulan*
I'm on a diet	*Saya sedang diet*
I'm on medication	*Saya sedang minum obat*

I've had a heart attack once before	*Saya pernah serangan jantung*
I've had an operation… times	*Saya pernah dioperasi…kali*
I've been ill recently	*Saya sakit belum lama ini/ baru-baru ini*
I've got a stomach ulcer	*Ada sakit maag*
I've got my period	*Saya sedang haid/mens/ datang bulan*

Apa ada alergi?	Do you have any allergies?
Apa sedang minum obat?	Are you on any medication?
Apa sedang ikut diet?	Are you on a diet?
Apa sedang hamil?	Are you pregnant?
Apa pernah disuntik tetanus?	Have you had a tetanus injection?

The diagnosis

Ini tidak menguatirkan	It's nothing serious
…Anda patah	Your…is broken
…Anda keseleo	You've got a sprained…
…Anda luka	You've got a torn…
Anda kena infeksi/radang	You've got an infection/some inflammation
Anda kena radang usus buntu	You've got appendicitis
Anda kena bronkitis	You've got bronchitis
Anda kena penyakit menular	You've got an infectious/ a contagious disease

Anda kena flu	You've got the flu
Anda kena serangan jantung	You've had a heart attack
Anda kena infeksi bakteri/ virus	You've got a bacterial/viral infection
Anda kena paru-paru basah	You've got pneumonia
Anda kena radang lambung	You've got gastritis/an ulcer
Anda keseleo	You've pulled a muscle
Anda ada keputihan	You've got thrush
Anda keracunan makanan	You've got food poisoning
Anda kena sengatan matahari	You've got sunstroke
Anda alergi terhadap...	You're allergic to…
Anda hamil	You're pregnant
Saya mau darah/air kencing/ kotoran Anda diperiksa	I'd like to have your blood/ urine/stools tested
Perlu jahitan	It needs stitches
Saya akan kirim Anda ke spesialis/rumah sakit	I'm referring you to a specialist/ sending you to the hospital
Anda perlu dironsen	You'll need some x-rays taken
Bisa tunggu di kamar tunggu?	Could you wait in the waiting room, please?
Anda harus dioperasi	You'll need an operation

Is it contagious?	*Apa ini penyakit menular?*
How long do I have to stay…?	*Berapa lama saya harus tinggal...?*
– in bed	*di tempat tidur*
– in the hospital	*di rumah sakit*
Do I have to go on a special diet?	*Apa harus mengikuti diet khusus?*
Can I make another appointment	*Bisa saya buat janji lagi?*

Am I allowed to travel?	*Apa boleh melakukan perjalanan?*
When do I have to come back?	*Kapan harus kembali?*
I'll come back tomorrow	*Saya akan datang lagi besok*
How do I take this medicine?	*Bagaimana cara minum obat ini?*

Kembali besok/dalam waktu...hari	Come back tomorrow/in...days' time

13.4 Medications and prescriptions

How many pills/drops/ injections/ teaspoons/ tablets each time?	*Berapa tablet/tetes/suntikan/ sendok obat/kapsul setiap kali?*
How many times a day?	*Berapa kali sehari?*
I've forgotten my medication	*Saya lupa minum obat*
At home I take...	*Di rumah saya minum...*
Could you write a prescription for me, please?	*Bisa tulis resep untuk saya?*

Saya resepkan antibiotik/ racikan/obat penenang/ obat penahan sakit	I'm prescribing antibiotics/ a mixture/a tranquillizer/ pain killers
Istirahat yang cukup	Have lots of rest
Tetap di dalam rumah	Stay indoors
Tetap di tempat tidur	Stay in bed

... kali sehari …times a day	*pil* pills	*salep* ointment
gosokkan rub on	*setiap…jam* every…hours	*suntikan* injections
jangan mengemudi don't drive	*sampai habis* finish the prescription	*tablet* tablets
larutkan di air dissolve in water	*sebelum makan* before meals	*telan* swallow
minum take (liquid medicine)	*sendok/sendok teh* spoonful/teaspoonful	*tetes* drops
obat luar external use only	*selama ... hari* for ... days	*kapsul* capsules
makan take (solid medicine)		

13.5 At the dentist

Do you know a good dentist?	*Apa Anda kenal dokter gigi yang baik?*
Could you make a dentist's appointment for me?	*Tolong buatkan janji dengan dokter gigi*
It's urgent	*Ini sangat mendesak*
Can I come in today, please	*Bisa datang hari ini?*
I have a (terrible) toothache	*Gigi saya sakit (sekali)*
Could you prescribe/give me a painkiller?	*Bisa beri saya obat penahan rasa sakit?*
I've got a broken tooth	*Gigi saya hancur*
My filling's come out	*Tambalan gigi saya lepas*
I've got a broken crown	*Kepala gigi saya rusak*

I'd like/I don't want a local anesthetic	*Saya mau/tidak mau dibius lokal*
Could you do a temporary repair?	*Tolong lakukan perbaikan sementara*
I don't want this tooth pulled	*Saya tidak mau gigi ini dicabut*
My denture is broken	*Gigi palsu saya rusak*
Can you fix it?	*Bisa Anda perbaiki?*

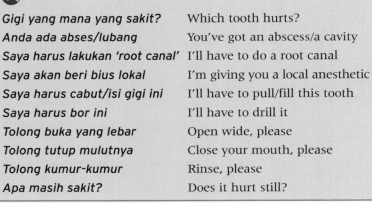

Gigi yang mana yang sakit?	Which tooth hurts?
Anda ada abses/lubang	You've got an abscess/a cavity
Saya harus lakukan 'root canal'	I'll have to do a root canal
Saya akan beri bius lokal	I'm giving you a local anesthetic
Saya harus cabut/isi gigi ini	I'll have to pull/fill this tooth
Saya harus bor ini	I'll have to drill it
Tolong buka yang lebar	Open wide, please
Tolong tutup mulutnya	Close your mouth, please
Tolong kumur-kumur	Rinse, please
Apa masih sakit?	Does it hurt still?

14 Emergencies

14. Emergencies

Some common emergency phone numbers in Indonesia include:
Police 112, Fire Brigade 113, Ambulance 118.

14.1 Asking for help

Help!	*Tolong!*
Fire!	*Api!/Kebakaran!*
Police!	*Polisi!*
Quick/Hurry!	*Cepat!*
Danger!	*Bahaya!*
Watch out!	*Awas!*
Stop!	*Berhenti!*
Be careful!/Go easy!	*Hati-hati/Jangan panik!*
Don't come near me!	*Jangan dekati saya!*
Let go!	*Lepaskan!*
Stop thief!	*Maling!*
Could you help me, please?	*Bisa bantu saya?*
Where's the police station/ emergency exit/fire escape?	*Di mana kantor polisi/pintu darurat/ tangga darurat?*
Where's the nearest fire extinguisher?	*Di mana pemadam api paling dekat?*
Call the fire department!	*Panggil regu pemadam kebakaran!*
Call the police!	*Panggil polisi!*
Call an ambulance!	*Panggil ambulans!*

Where's the nearest phone?	*Di mana telepon terdekat?*
Could I use your phone?	*Bisa pinjam teleponnya?*
What's the emergency number?	*Berapa nomor telepon darurat?*
What's the number for the police?	*Berapa nomor polisi?*

14.2 Lost items

I've lost my wallet/purse	*Dompet saya hilang*
I lost my…here yesterday	*…saya hilang di sini kemarin*
I left my…here	*…tertinggal di sini*
Did you find my…?	*Apa…saya sudah ditemukan?*
It was right here	*Tepat di sini*
It's very valuable	*Sangat berharga*
Where's the lost and found office?	*Di mana kantor barang hilang?*

14.3 Accidents

There's been an accident	*Ada kecelakaan*
Someone's fallen into the water	*Ada orang terjatuh ke air*
There's a fire	*Ada api*
Is anyone hurt?	*Apa ada yang terluka?*
Nobody/someone has been injured	*Tidak/Ada yang terluka*

Someone's still trapped inside the car/train	*Seseorang masih terjebak di dalam mobil/kereta api*
It's not too bad	*Tidak terlalu serius*
Don't worry	*Jangan kawatir*
Leave everything the way it is, please	*Tolong jangan disentuh/diubah apapun*
I want to report it to the police first	*Saya mau lapor polisi dulu*
I want to take a photo first	*Saya mau ambil foto dulu*
Here's my name and address	*Ini nama dan alamat saya*
May I have your name and address?	*Boleh saya minta nama dan alamat Anda?*
Could I see your identity card/your insurance papers?	*Boleh saya lihat kartu identitas/ surat asuransi Anda?*
Will you act as a witness?	*Mau jadi saksi?*
I need this information for insurance purposes	*Saya perlu keterangan ini untuk asuransi*
Are you insured?	*Apa Anda ada asuransi?*
Could you sign here, please?	*Bisa tolong tandatangan di sini?*

14.4 Theft

● **Although violent crime** is rare in Indonesia, theft does occur, particularly in areas with a strong tourist presence. Always hold on tightly to bags and cameras especially if traveling on public transport. A money belt is a good idea. Police stations are located in towns and city centers throughout the country. If you are involved in an accident, you should report it at a police station immediately.

I've been robbed	*Saya kecurian*
My...has been stolen	*...saya dicuri*
My car's been broken into	*Mobil saya dimasuki pencuri*

14.5 Missing person

I've lost my child/ grandmother	*Anak/nenek saya hilang*
Could you help me find him/her?	*Tolong bantu saya carikan dia*
Have you seen a small child?	*Apa lihat anak kecil?*
He's/she's...years old	*Umurnya...tahun*
He/she's got...hair	*Rambutnya...*
– short/long	*pendek/panjang*
– blond/red/brown/black/ gray	*pirang/merah/coklat/hitam/ abu-abu (beruban)*
– curly/straight/frizzy	*ikal/lurus/keriting*
– in a ponytail	*berkucir*
– in braids	*dikepang*
– in a bun	*dikonde*
He's/she's got blue/brown/ green eyes	*Matanya biru/coklat/hijau*
He/she's wearing...	*Dia pakai...*
– swimming trunks/ hiking boots	*baju renang/sepatu untuk mendaki gunung*
with/without glasses	*pakai kacamata/tidak pakai kacamata*
carrying/not carrying a bag	*bawa/tidak bawa tas*

Emergencies

14

He/She is tall/short	*Dia tinggi/pendek*
This is a photo of him/her	*Ini fotonya*
He/she must be lost	*Dia pasti tersesat*

14.6 The police

An arrest

Tolong surat-surat (mobil) Anda	Your (vehicle) documents, please
Anda melampaui batas kecepatan	You were speeding
Anda tidak boleh parkir di sini	You're not allowed to park here
Anda lupa bayar uang parkir	You haven't paid your parking fee
Lampu Anda mati	Your lights aren't working
Itu denda...rupiah	That's a...rupiah fine
Apa Anda mau bayar sekarang?	Do you want to pay now?
Anda harus bayar sekarang	You'll have to pay now

I don't speak Indonesian	*Saya tidak bisa berbahasa Indonesia*
I didn't see the sign	*Saya tidak lihat rambunya*
I don't understand what it says	*Saya tidak mengerti artinya*
I was only doing... kilometers an hour	*Saya hanya melaju dengan kecepatan... kilometer per jam*
I'll have my car checked	*Saya akan periksa mobilnya*
I was blinded by oncoming lights	*Saya silau melihat lampu mobil lain*

Di mana kejadiannya?	Where did it happen?
Apa yang hilang?	What's missing?
Apa yang diambil?	What's been taken?
Bisa saya lihat (kartu) identitas Anda?	Could I see your ID (card)?
Kapan kejadiannya?	What time did it happen?
Apa ada saksi?	Are there any witnesses?
Tolong tandatangan di sini	Sign here, please
Apa Anda mau penerjemah?	Do you want an interpreter?

At the police station

I want to report a collision/ missing person/rape	*Saya ingin melaporkan kecelakaan/ orang hilang/pemerkosaan*
Could you make a statement, please?	*Tolong buat pernyataan polisi*
I've lost everything	*Semuanya hilang*
I've no money left, I'm desperate	*Tidak ada uang tersisa. Saya putus asa*
Could you please lend me a little money?	*Tolong pinjami saya sedikit uang*
I'd like an interpreter	*Saya mau penerjemah*
I'm innocent	*Saya tidak bersalah*
I don't know anything about it	*Saya tidak tahu apa-apa*
I want to speak to someone from the American embassy	*Saya mau bicara dengan orang dari kedutaan Amerika*
I want a lawyer who speaks…	*Saya mau pengacara yang bisa berbahasa…*

15 English–Indonesian Word List

15. English-Indonesian Word List

15.1 Word list

● **The following word list** is meant to supplement the chapters in this book. Some English words have more than one equivalent in Indonesian, and their use depends on the situation or context. In this word list, the " / " sign separates different Indonesian translations. Indonesian words in brackets can be omitted in daily conversation. Some of the words not on this list can be found elsewhere in this book. Food items can be found in Section 4.7, the parts of a car on page 63, the parts of of motorcycle/bicycle on page 69 and camping/backpacking equipment on page 91.

A

about	*mengenai/sekitar/tentang*
above	*di atas*
abroad	*di luar negeri*
accident	*kecelakaan*
adaptor	*adaptor*
address	*alamat*
admission	*tanda masuk/karcis*
admission price	*harga tanda masuk/karcis*
adult	*(orang) dewasa*
advice	*nasihat*
aeroplane	*pesawat (terbang)*
after	*sesudah/kemudian*
afternoon	*siang*
aftershave	*losen cukur*
again	*lagi*
against	*lawan, melawan*
age	*umur*
AIDS	*(penyakit) AIDS*
air conditioning	*ase/AC*
air mattress	*kasur udara*
airmail	*pos udara*
airplane	*pesawat (terbang)*

airport	*bandar udara/bandara*
alarm	*alarm/tanda bahaya*
alarm clock	*weker*
alcohol	*alkohol*
all day	*sepanjang hari/seharian*
all the time	*sepanjang waktu*
allergy	*alergi*
alone	*sendirian*
altogether	*semuanya*
always	*selalu*
ambulance	*ambulans*
America	*Amerika*
American	*(orang) Amerika*
amount	*jumlah*
amusement park	*taman hiburan*
anesthetic (local)	*(obat) bius lokal*
anesthetic (general)	*(obat) bius total*
angry	*marah*
animal	*binatang, hewan*
ankle	*pergelangan kaki*
answer	*jawaban*
ant	*semut*
antibiotics	*antibiotik*
antique	*antik*
antiques	*barang antik*
antiseptic	*antiseptik*
anus	*dubur*
apartment	*apartemen*
apologies	*permintaan maaf*
appetite	*nafsu makan*
apple	*apel*
apple juice	*jus apel/sari buah apel*
appointment	*janji*
April	*bulan April*
architecture	*arsitektur*
area	*wilayah*
area code	*kode wilayah*
arm	*lengan*
arrange	*susun/menyusun, atur/mengatur*
arrive	*tiba, sampai*
arrow	*panah*
art	*seni*

art gallery	*galeri seni*
artery	*urat nadi*
article	*barang*
artificial respiration	*pernafasan buatan*
ashtray	*asbak*
ask	*tanya/bertanya*
ask about	*menanyakan*
ask for	*minta*
aspirin	*aspirin*
assault	*serangan*
assorted	*campuran/rupa-rupa/pilihan*
at home	*di rumah*
at night	*pada malam hari*
at the back	*di belakang*
at the front	*di depan*
at the latest	*paling lambat*
August	*bulan Agustus*
Australia	*Australia*
Australian	*(orang) Australia*
automatic	*otomatis*
autumn	*musim gugur*
awake	*bangun*
awning	*krei*

B

baby	*bayi*
baby food	*makanan bayi*
babysitter	*pengasuh anak*
back (part of body)	*punggung*
back (rear)	*belakang*
backpack	*tas ransel*
backpacker	*turis ransel*
bad (rotting)	*busuk*
bad (terrible)	*jelek, buruk*
bag	*tas*
baggage	*bagasi*
bakery	*toko roti*
balcony	*balkon*
ball	*bola*
ballpoint pen	*pen, bolpoin*
banana	*pisang*
bandage	*perban*

bandaids	plester
bangs	poni
bank (finance)	bank
bank (river)	tepi
barbecue	barbekiu/panggang
basketball	(bola) basket
bath	mandi
bath towel	handuk
bathmat	keset kamar mandi
bathrobe	mantel mandi
bathroom	kamar mandi
battery	baterai
battery (car)	aki
beach	pantai
beans	kacang-kacangan
beautiful	indah
bed	tempat tidur
bedding	perlengkapan (tempat) tidur
bee	lebah, tawon
beef	daging sapi
beer	bir
begin	mulai
behind	belakang
belt	sabuk, ikat pinggang
berth	ruang tidur di kapal
better (to get)	lebih baik/sembuh
bicycle	sepeda
bikini	bikini
bill	rekening/bon
billiards	bilyar
birthday	hari ulang tahun
biscuit	biskuit
bite	gigitan
bitter	pahit
black	hitam
black and white	hitam putih
black eye	mata bengkak
bland (taste)	tawar, hambar
blanket	selimut
bleach	pemutih
bleeding	perdarahan
blind (can't see)	buta

blind (on window)	*krei*
blister	*melepuh, lecet*
blond	*pirang*
blood	*darah*
blood pressure	*tekanan darah*
blood nose, nosebleed	*mimisan*
blouse	*blus*
blue	*biru*
boat	*kapal, perahu*
body	*badan, tubuh*
boiled	*rebus*
bone	*tulang*
book	*buku*
booked, reserved	*sudah direservasi, sudah dibuking*
booked, reserved (restaurant/bus)	*ada orangnya/isi*
booking office	*kantor pemesanan tiket/karcis*
bookshop	*toko buku*
border	*batas/perbatasan*
bored	*bosan*
boring	*membosankan*
born	*lahir*
borrow	*pinjam*
botanic gardens	*kebun raya*
both	*keduanya*
bottle (wine)	*botol (anggur)*
bottle (baby's)	*botol bayi*
bottle-warmer	*pemanas botol bayi*
box	*kotak*
box office	*loket*
boy	*anak (laki-laki)*
boyfriend	*pacar*
bra	*beha/kutang*
bracelet	*gelang*
brake	*rem*
brake oil	*minyak rem*
bread	*roti*
break	*retak, rusak, patah*
breakfast	*sarapan*
breast	*payudara/buah dada*
breast milk	*air susu ibu/ASI*
bridge	*jembatan*

briefs	*celana dalam laki-laki*
bring	*bawa, membawa*
brochure	*brosur*
bronze	*perunggu*
broth	*kaldu*
brother	*saudara (laki-laki)*
brown	*cokelat*
bruise	*(luka) memar*
brush	*sikat*
bucket	*ember*
buffet	*bafe/prasmanan*
bugs	*kutu*
building	*bangunan, gedung*
bun	*roti manis*
burglary	*pencurian*
burn (injury)	*luka bakar*
burn (verb)	*membakar, bakar*
burnt	*terbakar*
bus	*bis*
bus station	*terminal (bis)*
bus stop	*halte bis*
business card	*kartu nama*
business class	*kelas bisnis*
business trip	*perjalanan bisnis*
busy (schedule)	*sibuk*
busy (traffic)	*ramai/padat*
butane	*(gas) butan*
butcher	*tukang daging*
butter	*mentega*
button	*kancing*
by airmail	*pos udara*
by phone	*lewat telepon*

c

cabbage	*kubis*
cabin	*kabin/ruang*
cake	*kue*
call (phonecall)	*panggilan telepon*
call (to phone)	*menelepon*
called	*dipanggil*
camera	*kamera*
camping	*berkemah*

can (permission)	*boleh*
can (possible)	*bisa*
can opener	*pembuka kaleng*
cancel	*batal, membatalkan*
candle	*lilin*
candy	*permen*
capsules (medicine)	*kapsul*
car	*mobil*
car documents	*surat-surat mobil*
car seat (child's)	*kursi mobil untuk anak*
car trouble	*gangguan mobil*
cardigan	*baju hangat, switer*
care	*perhatian, perawatan*
carpet	*permadani*
carriage	*kereta kuda*
carrot	*wortel*
cartridge	*kartrid*
cash	*uang tunai*
cash card	*kartu ATM*
cash desk	*kassa*
cash machine	*mesin ATM*
cassette	*kaset*
cat	*kucing*
catalogue	*katalog*
cauliflower	*kembang kol*
cause	*sebab*
cave	*gua*
celebrate	*merayakan*
cemetery	*kuburan*
center (middle)	*tengah*
center (of city)	*pusat*
centimeter	*sentimeter*
central locking	*pengunci sentral/pengunci pusat*
certificate	*sertifikat/ijazah*
chair	*kursi*
chambermaid	*pelayan kamar*
champagne	*sampanye*
change, swap	*ganti/tukar*
change (money)	*tukar uang*
change (trains)	*ganti/pindah*
change the baby's diaper	*ganti popok bayi*
change the oil	*ganti oli*

charter flight	*penerbangan carteran*
chat	*mengobrol*
check, bill	*bon, bil*
check (verb)	*periksa/memeriksa, cek/mengecek*
check in	*lapor*
check out	*keluar*
checked luggage	*(koper) bagasi*
cheese	*keju*
chef	*koki kepala/juru masak*
chess	*catur*
chewing gum	*permen karet*
chicken	*ayam*
child	*anak*
child's seat (in car)	*kursi mobil untuk anak*
chilled	*dingin*
chin	*dagu*
chocolate	*cokelat*
choose	*memilih*
chopsticks	*sumpit*
church	*gereja*
church service	*kebaktian gereja*
cigar	*cerutu*
cigarette	*rokok*
circle	*lingkaran*
circus	*sirkus*
citizen	*warganegara*
city	*kota*
clean	*bersih*
clean (verb)	*membersihkan*
clearance (sale)	*obral*
clock	*jam*
closed	*tutup*
closed off (road)	*tertutup*
clothes	*pakaian, baju*
clothes dryer	*mesin pengering baju*
clothes hanger	*gantungan baju*
clothing	*pakaian, baju*
clutch (car)	*kopling*
coat (jacket)	*jas/jaket*
coat (overcoat)	*jas, mantel*
cockroach	*kecoa*
cocoa	*coklat*

coffee	kopi
cold (not hot)	dingin
cold, flu	pilek/flu
collar	kerah
collarbone	tulang selangka
colleague	kolega, rekan kerja
collision	tabrakan
cologne	minyak wangi/parfum
color	warna
colored	berwarna
comb	sisir
come	datang
come back	kembali
compartment	kompartemen
complaint	keluhan
completely	sama sekali/benar-benar
compliment	pujian
computer	komputer
concert	konser
concussion	gegar otak
condensed milk	susu kaleng
condom	kondom
congratulations!	selamat!
connection (transport)	sambungan
constipation	sembelit
consulate	konsulat
consultation (by doctor)	konsultasi dokter
contact lens	lensa kontak
contagious	menular
contraceptive	alat KB
contraceptive pill	pil KB
cook (person)	koki
cook (verb)	memasak
cookie	kue
copper	tembaga
copy	kopi, salinan
corkscrew	kotrek, alat pembuka sumbat botol
corner	sudut, pojok
cornflour	tepung maizena
correct	benar, betul
correspond (write letters)	surat-menyurat
corridor	koridor

cosmetics	*kosmetik*
costume	*pakaian/kostum*
cot	*boks bayi, tempat tidur anak*
cotton	*katun*
cotton wool	*kapas*
cough	*batuk*
cough syrup	*obat batuk*
counter	*loket*
country (nation)	*negara*
country (rural area)	*pedesaan/desa*
country code	*kode negara*
course of treatment	*pengobatan*
cousin	*sepupu*
crab	*kepiting*
cracker	*kue kering*
cream	*krim*
credit card	*kartu kredit*
crime	*kejahatan/kriminalitas*
crockery	*barang tembikar*
cross (road, river)	*menyeberang*
crossroads	*perempatan*
crutch	*kruk, tongkat*
cry	*menangis*
cubic meter	*meter kubik*
cucumber	*timun, mentimun, ketimun*
cuddly toy	*boneka*
cuff	*manset*
cup	*cangkir/mangkok*
curly	*keriting, ikal*
current (electric)	*aliran listrik*
curtains	*horden*
cushion	*bantal*
custom	*adat*
customs	*bea cukai/pabean*
cut (injury)	*luka*
cut (verb)	*memotong/potong*
cutlery	*garpu sendok*
cycling	*bersepeda*

D

dairy products	*produk olahan susu*
damage	*kerusakan*

damaged	*rusak*
dance	*tarian*
dandruff	*ketombe*
danger	*bahaya*
dangerous	*berbahaya*
dark	*gelap*
date	*tanggal*
date of birth	*tanggal lahir*
daughter	*anak perempuan*
day	*hari*
day after tomorrow	*lusa*
day before yesterday	*kemarin dulu*
dead	*mati, meninggal (dunia)*
deaf	*tuli*
decaffeinated	*kopi non kafein*
December	*bulan Desember*
declare (customs)	*memperlihatkan*
deep	*dalam*
deep-sea diving	*penyelaman di laut dalam*
defecate	*buang air besar*
degrees	*derajat*
delay	*tunda*
delicious	*enak, lezat, sedap*
dentist	*dokter gigi*
dentures	*gigi palsu*
deodorant	*deodoran*
department store	*toserba (toko serba ada)*
departure	*keberangkatan*
departure time	*jam keberangkatan*
depilatory cream	*krim penghilang bulu*
deposit (for safekeeping)	*menitip, menyimpan*
deposit (downpayment)	*uang muka/DP*
deposit (verb)	*menyetor*
desert	*gurun*
dessert	*pencuci mulut*
destination	*tujuan*
detergent	*deterjen/sabun cuci*
develop (photo)	*cuci cetak foto*
diabetes	*diabet/diabetes/kencing gula*
diamond	*berlian, intan*
diaper	*popok*
diarrhea	*diare, mencret*

dictionary	kamus
diesel oil	(minyak) solar
diet	diet
difficulty	sukar/susah/sulit
dining car	kereta makan
dining room	ruang makan
dinner	makan malam
direct flight	penerbangan langsung
direction	arah
directly	langsung
dirty	kotor
disabled	cacat, difabel
disco	disko/diskotik
discount	diskon/potongan harga
dish	piring, hidangan
dish of the day	menu spesial hari ini
disinfectant	obat disinfektan
disposable	sekali pakai
distance	jarak
distilled water	air suling
disturb	ganggu/mengganggu
disturbance	gangguan
dive, diving	selam
diving board	papan loncat
diving gear	peralatan selam
divorced	cerai
dizzy	pusing
do	berbuat/melakukan
do not disturb	jangan diganggu
doctor	dokter
dog	anjing
doll	boneka
domestic	domestik, dalam negeri
done (cooked)	matang
door	pintu
double	dua/ganda/dobel
down	ke bawah
drapes	horden
draught	angin
dream (verb)	bermimpi, mimpi
dress	rok
dressing gown	kimono

dressing table	*meja rias*
drink (alcoholic)	*minuman keras*
drink (refreshment)	*minuman*
drink (verb)	*minum*
drinking water	*air minum, air putih*
drive	*menyupir/membawa mobil*
driver	*supir*
driver's license	*SIM*
drugstore	*apotik*
drunk	*mabuk*
dry	*kering*
dry (verb)	*jemur/menjemur, keringkan/mengeringkan*
dry-clean	*cuci di binatu*
duck	*bebek*
dummy (for baby)	*dot, empeng*
during	*selama/sepanjang*
during the day	*siang hari*
duty (tax)	*pajak*
duty-free goods	*barang bebas pajak*
duty-free shop	*toko bebas pajak*

E

ear	*telinga, kuping*
ear drops	*obat tetes telinga*
earache	*sakit telinga*
early	*awal, pagi hari, dini hari*
earrings	*anting-anting*
earth	*bumi, tanah*
earthenware	*tembikar*
east	*timur*
easy	*mudah*
eat	*makan*
economy class	*kelas ekonomi*
eczema	*eksim*
eel	*belut*
egg	*telur*
eggplant	*terong*
electric	*listrik*
electricity	*listrik*
electronic	*elektronik*
elephant	*gajah*
elevator	*lift*

email	*imel, surel (surat elektronik), surat e*
embassy	*kedutaan (besar)*
embroidery	*sulaman*
emergency brake	*rem darurat*
emergency exit	*pintu darurat*
emergency phone	*telepon darurat*
emery board	*kikir*
empty	*kosong*
engaged (on the phone)	*sibuk*
engaged (to be married)	*(ber)tunangan*
England	*Inggris*
English	*orang Inggris , bahasa Inggris*
enjoy	*menikmati*
enquire	*bertanya*
envelope	*amplop*
escalator	*eskalator/tangga berjalan*
essential	*perlu*
evening	*malam (hari)*
evening wear	*busana malam*
event	*peristiwa*
everything	*semuanya*
everywhere	*di mana-mana*
examine	*periksa, memeriksa*
excavation	*penggalian*
excellent	*baik sekali, bagus sekali*
exchange	*menukar, tukar*
exchange office	*kantor penukaran uang*
excursion	*perjalanan/darmawisata*
exhibition	*pameran*
exit	*keluar*
expenses	*pengeluaran/biaya/ongkos*
expensive	*mahal*
explain	*menjelaskan*
explosion	*ledakan, letusan*
express	*kilat/ekspres*
external	*luar*
eye	*mata*
eye drops	*obat tetes mata*
eye specialist	*dokter spesialis mata*

F

fabric	*bahan*

face	*muka*
factory	*pabrik*
fall (verb)	*jatuh*
family	*keluarga*
famous	*terkenal*
fan	*kipas*
far away	*jauh*
farm	*pertanian*
farmer	*petani*
fashion	*gaya, mode*
fast	*cepat*
father	*bapak*
father-in-law	*bapak mertua*
fault	*kesalahan*
fax	*faks/faksimili*
February	*bulan Februari*
feel	*rasa*
feel like	*ingin/mau*
fence	*pagar*
ferry	*(kapal) feri*
fever	*demam*
fiance, fiancee	*tunangan*
fill	*isi*
fill out (form)	*mengisi*
filling (dental)	*tambal*
film (cinema)	*filem*
film (photo)	*(isi) filem*
filter	*saringan*
filter cigarette	*rokok filter*
fine (detailed)	*halus*
fine (good)	*bermutu*
fine (money)	*denda*
finger	*jari tangan*
fire	*api/kebakaran*
fire alarm	*tanda kebakaran*
fire department	*dinas pemadam kebakaran*
fire escape	*tangga darurat*
fire extinguisher	*alat pemadam api*
first	*pertama*
first aid	*pertolongan pertama*
first class	*kelas satu*
fish	*ikan*

fish (verb)	memancing, mancing
fishing rod	pancingan ikan, joran
fitness club	tempat fitnes/pusat kebugaran
fitness training	latihan fitnes/latihan kebugaran
fitting room	kamar pas
fix (puncture)	menambal
flag	bendera
flash (camera)	blits/lampu kilat
flashlight	lampu senter
flatulence	kentut
flavor	rasa
flea	kutu
flea market	pasar loak
flight	penerbangan
flight number	nomor penerbangan
flood	banjir
floor	lantai
flour	terigu
flu	pilek/flu
flush	menyiram/siram
fly (insect)	lalat
fly (verb)	terbang
fog	kabut
foggy	berkabut
folklore	cerita rakyat/dongeng
follow	ikut, mengikuti
food (cooked)	masakan
food (in general)	makanan
food poisoning	keracunan makanan
foot	kaki
foot brake	rem kaki
forbidden	terlarang
forehead	dahi, kening
foreign	asing
forget	lupa
fork	garpu
form	bentuk
formal dress	pakaian resmi
forward (letter)	meneruskan
fountain	air mancur
frame	bingkai
free (no charge)	gratis

free (unoccupied)	*kosong*
free time	*waktu bebas/waktu senggang*
freeze	*beku*
french fries	*kentang goreng*
fresh	*segar*
Friday	*Jumat*
fried	*goreng*
friend	*teman, kawan*
friendly	*ramah*
frightened	*takut/ketakutan*
fringe (hair)	*poni*
frozen	*beku*
fruit	*buah*
fruit juice	*sari buah/jus*
frying pan	*penggorengan, wajan*
full	*penuh*
fun	*asyik*
funeral	*pemakaman/penguburan*

G

gallery	*galeri/sanggar*
game	*permainan, gim*
garage (car repair)	*bengkel*
garbage	*sampah*
garden	*taman*
garlic	*bawang putih*
garment	*pakaian*
gas (for heating)	*gas*
gas station	*pompa bensin*
gasoline	*bensin*
gate	*gerbang*
gear (car)	*gigi, persneling*
gem	*permata*
gender	*jenis kelamin*
get off (vehicle)	*turun*
get on (vehicle)	*naik*
gift	*hadiah*
ginger	*jahe*
girl	*gadis, anak perempuan*
girlfriend	*pacar*
given name	*nama depan*
glass (for drinking)	*gelas*

glass (material)	*kaca*
glasses	*kacamata*
gliding	*paralayang*
glossy (photo)	*mengkilap/glosi*
glue	*lem*
go	*pergi*
go back	*kembali*
go out (socially)	*jalan*
gold	*emas*
golf	*golf*
golf course	*lapangan golf*
good afternoon	*selamat siang*
good evening	*selamat malam*
good morning	*selamat pagi*
good night	*selamat malam*
goodbye (to the person leaving)	*selamat jalan*
goodbye (to the person remaining)	*selamat tinggal*
goose	*angsa*
grade crossing	*persimpangan kereta api*
gram	*gram*
grandchild	*cucu*
granddaughter	*cucu (yang perempuan)*
grandfather	*kakek*
grandmother	*nenek*
grandson	*cucu (yang laki-laki)*
grape juice	*sari buah anggur/jus anggur*
grapes	*anggur*
grave	*makam/kuburan*
gray	*kelabu, abu-abu*
gray-haired	*beruban*
graze (injury)	*luka lecet*
greasy	*berminyak/lengket*
green	*hijau*
greengrocer	*penjual sayur, tukang sayur*
greeting	*ucapan selamat*
grilled	*bakar*
grocer	*toko makanan*
ground up	*digiling, dicobek*
group	*grup/kelompok*
guesthouse	*vila*

guide (book)	*buku pedoman wisata*
guide (person)	*pemandu wisata*
guided tour	*tur dengan pemandu*
guilty	*bersalah*
gym	*tempat fitnes/pusat kebugaran*
gynecologist	*dokter kebidanan/ginekolog*

H

hair	*rambut*
hairbrush	*sikat rambut*
haircut	*gunting rambut*
hairdresser	*potong rambut*
hairdryer	*pengering rambut*
hairspray	*semprotan rambut/hairsprei*
hairstyle	*gaya rambut/model rambut*
half	*setengah*
half full	*setengah penuh*
hammer	*palu*
hand	*tangan*
hand brake	*rem tangan*
hand luggage	*bagasi kabin*
hand towel	*handuk kecil*
handbag	*tas tangan*
handkerchief	*sapu tangan*
handmade	*buatan tangan*
happy	*bahagia*
harbor	*pelabuhan*
hard (difficult)	*sulit*
hard (firm)	*keras*
hardware store	*toko alat besi, toko alat pertukangan*
hat	*topi*
he/she	*dia*
head	*kepala*
headache	*sakit kepala*
headlights	*lampu depan mobil*
healthy	*sehat*
hear	*dengar, mendengar*
hearing aid	*alat bantu dengar*
heart	*jantung*
heart attack	*serangan jantung*
heat	*panas*
heavy	*berat*

heel (of foot)	*tumit*
heel (of shoe)	*hak sepatu*
hello	*halo*
help	*menolong/membantu*
helping (of food)	*porsi*
hem	*kelim*
herbal tea	*teh herbal/teh obat*
herbs	*rempah-rempah, bumbu*
here	*di sini*
high	*tinggi*
high chair	*kursi anak*
high tide	*pasang*
highway	*jalan raya*
hiking	*gerak jalan*
hiking boots	*sepatu hiking*
hip	*pinggul*
hire	*sewa, menyewa*
hitchhike	*numpang, menumpang*
hobby	*kegemaran/hobi*
holdup	*perampokan*
holiday (festival)	*hari raya*
holiday (public)	*hari libur*
holiday (vacation)	*liburan*
homesick	*rindu rumah/rindu kampung halaman*
honest	*jujur*
honey	*madu*
horizontal	*datar/horisontal*
horrible	*menakutkan*
horse	*kuda*
hospital	*rumah sakit*
hospitality	*keramah-tamahan*
hot (spicy)	*pedas*
hot (warm)	*panas, hangat*
hot spring	*sumber air panas*
hot-water bottle	*botol karet*
hotel	*hotel*
hour	*jam*
house	*rumah*
houses of parliament	*gedung DPR/gedung parlemen*
how?	*bagaimana?*
how far?	*berapa jauh?*
how long?	*berapa lama?*

how many?	*berapa banyak?*
how much?	*berapa harga?*
hundred grams	*seratus gram*
hungry	*lapar*
hurry	*cepat-cepat*
husband	*suami*
hut	*gubuk, pondok*

I

ice cream	*es krim*
ice cubes	*es batu*
iced	*pakai es*
idea	*ide, gagasan*
identification (card)	*(kartu) identitas*
identify	*kenal/mengenali*
ignition key	*kunci kontak*
ill	*sakit*
illness	*penyakit*
imagine	*membayangkan*
immediately	*segera*
import duty	*bea masuk*
important	*penting*
impossible	*tidak mungkin*
improve (advance)	*maju*
improve (recover from illness)	*sembuh*
in	*dalam/di/pada*
in the evening	*pada malam hari*
in the morning	*pada pagi hari*
in-laws	*mertua, ipar*
indigestion	*gangguan pencernaan*
included	*termasuk/dimasukkan*
including	*termasuk*
indicate	*menunjukkan*
indicator (car)	*lampu sein*
inexpensive	*murah*
infection	*infeksi*
infectious	*menular*
inflammation	*radang*
information	*informasi/keterangan*
information office	*kantor informasi*
injection	*suntikan/injeksi*

injured	terluka
inner tube	ban dalam
innocent	tidak bersalah/tidak berdosa
insect	serangga
insect bite	gigitan serangga
insect repellent	obat nyamuk
inside	di dalam
instructions	petunjuk
insurance	asuransi
intermission	istirahat
internal	dalam
international	internasional
Internet café	warnet (warung internet)
interpreter	penerjemah
intersection	persimpangan
introduce oneself	memperkenalkan/mengenalkan diri
invite	ajak/mengajak, undang/mengundang
invoice	tagihan
iodine	yodium
Ireland	Irlandia
iron (for clothes)	setrika
iron (metal)	besi
iron (verb)	menyetrika
ironing board	papan setrikaan
island	pulau
itch	gatal

J

jack (for car)	dongkrak
jacket	jaket
jackfruit	(buah) nangka
jam	selai
January	bulan Januari
jaw	rahang
jeans	(celana) jins
jellyfish	ubur-ubur
jeweller	tukang emas/tukang perhiasan
jewelry	perhiasan
job	pekerjaan/tugas
jog	lari pagi, joging
joke	gurauan/canda
journey	perjalanan

juice	*jus/sari buah*
July	*bulan Juli*
June	*bulan Juni*

K

kerosene	*minyak tanah*
key	*kunci*
kidney	*ginjal*
kilogram	*kilogram*
king	*raja*
kiss	*cium*
kitchen	*dapur*
knee	*lutut*
knife	*pisau*
knit	*merajut*
know	*tahu, mengetahui*

L

lace (fabric)	*renda*
laces (for shoes)	*tali sepatu*
ladder	*tangga*
lake	*danau*
lamp	*lampu*
land (ground)	*darat*
land (verb)	*mendarat*
lane (of traffic)	*jalur, lajur*
language	*bahasa*
large	*besar*
last (endure)	*makan waktu*
last (final)	*terakhir*
last night	*semalam, tadi malam*
late	*terlambat*
later	*kemudian, nanti*
laugh	*tertawa, ketawa*
laundrette, laundry	*binatu*
laundry soap	*sabun cuci baju*
law	*hukum*
lawyer	*pengacara, advokat*
laxative	*obat peluntur*
leak	*bocor*
leather	*kulit*
leather goods	*kerajinan kulit*

leave	*pergi*
left	*kiri*
left behind	*tertinggal*
leg	*kaki*
leisure	*waktu senggang*
lemon	*jeruk nipis*
lend	*pinjam*
lens (camera)	*lensa*
less	*kurang*
lesson	*pelajaran, les*
letter	*surat*
lettuce	*selada*
level crossing	*perlintasan kereta api*
library	*perpustakaan*
license	*izin/SIM*
lie (be lying)	*berbaring*
lie (falsehood)	*berbohong*
lie down	*tiduran*
lift (elevator)	*lift*
lift (in car)	*menumpang*
light (lamp)	*lampu*
light (not dark)	*terang*
light (not heavy)	*ringan*
light bulb	*lampu pijar, bohlam*
lighter	*korek api/geretan*
lightning	*kilat*
like (verb)	*mau/ingin*
like, as	*seperti, kayak*
line	*garis*
linen	*seprei dan bantal*
lining	*lapisan*
liquor store	*toko minuman keras*
listen	*mendengarkan, dengar*
liter	*liter*
literature	*kesusastraan*
little (small)	*kecil*
little (amount)	*sedikit*
live (alive)	*hidup*
live (verb)	*tinggal*
liver	*hati*
lobster	*udang besar*
local	*lokal/setempat*

lock	*kunci*
long	*panjang*
long-distance call	*SLJJ (sambungan langsung jarak jauh)*
look at	*melihat*
look for	*mencari*
look up	*mencari informasi*
lost (can't find way)	*tersesat*
lost (missing)	*kehilangan*
lost and found office	*kantor barang hilang*
lotion	*losen*
loud	*keras, kencang*
love	*cinta/kesukaan/kegemaran*
love (verb)	*cinta/mencintai, suka/menyukai*
low	*rendah*
low tide	*air surut*
LPG	*gas elpiji*
luck	*untung*
luggage	*koper*
luggage locker	*penitipan bagasi*
lumps (sugar)	*gula padat*
lunch	*makan siang*
lungs	*paru-paru*

M

madam	*nyonya*
magazine	*majalah*
mail (letters)	*surat*
mail (verb)	*kirim, mengirim*
main post office	*kantor pos besar/kantor pos pusat*
main road	*jalan raya/jalan besar*
make, create	*membuat, buat*
make an appointment	*buat janji/buat perjanjian*
make love	*bercinta/bersetubuh*
makeshift	*sementara*
makeup	*dandan*
man	*pria/laki-laki*
manager	*manajer*
mango	*(buah) mangga*
manicure	*manikur*
many	*banyak*
map	*peta*
marble	*marmer/pualam*

March	*bulan Maret*
margarine	*mentega*
marina	*pelabuhan/marina*
marital status	*status (perkawinan)*
market	*pasar*
married	*(sudah) kawin/(sudah) nikah*
massage	*pijat*
mat (at door)	*keset*
mat (on table)	*tatakan (meja)*
match	*pertandingan*
matches	*korek api*
May	*bulan Mei*
maybe	*mungkin*
mayonnaise	*mayones*
mayor	*walikota*
meal	*makanan*
mean	*berarti*
measure	*ukur, mengukur*
measure out	*menakar*
measuring jug	*cangkir takaran*
meat	*daging*
media	*media, pers*
medication	*pengobatan*
medicine	*obat*
meet	*bertemu*
melon	*melon*
member	*anggota*
member of parliament	*anggota DPR*
membership card	*kartu keanggotaan*
mend	*memperbaiki*
menstruation	*mens/datang bulan/haid*
menu	*menu/daftar makanan*
message	*pesan*
metal	*besi*
meter (in taxi)	*argo*
meter (measure)	*meter*
migraine	*sakit kepala sebelah/migren*
mild (taste)	*sedang*
milk	*susu*
millimeter	*milimeter*
mineral water	*air mineral*
minute	*menit*

mirror	*cermin, kaca*
miss (flight, train)	*ketinggalan*
miss (loved one)	*rindu, kangen*
missing	*hilang*
missing person	*orang hilang*
mist	*kabut*
misty	*berkabut*
mistake	*kesalahan*
mistaken	*keliru*
misunderstanding	*salah paham/kekeliruan*
mixed	*campur*
modern art	*seni modern*
moment	*saat*
monastery	*biara*
Monday	*hari Senin*
money	*uang*
monkey	*monyet*
month	*bulan*
moon	*bulan*
mosquito	*nyamuk*
mosquito coil	*obat nyamuk*
mother	*ibu*
mother-in-law	*ibu mertua*
motorbike	*sepeda motor*
motorboat	*kapal motor*
mountain	*gunung*
mountain hut	*pondok di gunung*
mouse	*tikus*
mouth	*mulut*
MSG	*vetsin, moto*
much	*banyak*
mud	*lumpur*
muscle	*otot/urat*
muscle spasms	*kejang otot*
museum	*musium/museum*
mushrooms	*jamur*
music	*musik*

N

nail (finger)	*kuku*
nail (metal)	*paku*
nail file	*kikiran kuku*

nail scissors	*pemotong kuku*
naked	*telanjang*
nappy, diaper	*popok*
nationality	*kebangsaan/kewarganegaraan*
natural	*alami*
nature	*alam*
nauseous	*mual/pusing*
near	*dekat*
nearby	*dekat*
necessary	*perlu*
neck	*leher*
necklace	*kalung*
necktie	*dasi*
needle	*jarum*
negative (photo)	*klise*
neighbor	*tetangga*
nephew	*keponakan*
never	*belum pernah*
new	*baru*
news	*berita*
news stand	*tukang koran*
newspaper	*koran, surat kabar*
next (after that)	*kemudian/selanjutnya/berikutnya*
next to	*sebelah*
nice (pleasant)	*menyenangkan*
nice (person)	*baik*
niece	*keponakan*
night	*malam*
night duty	*tugas malam*
nightclothes	*pakaian tidur*
nightclub	*kelab malam, diskotek*
nightdress	*daster*
nipple (bottle)	*pentil*
no	*tidak, bukan*
no entry	*dilarang masuk*
no thank you	*terima kasih*
no-one	*tak seorangpun*
noise	*ribut*
nonstop (flight)	*langsung*
noodles	*mi*
normal	*normal, biasa*
north	*utara*

nose	*hidung*
nose drops	*obat tetes hidung*
nosebleed	*mimisan*
notebook	*buku catatan*
notepad	*notes*
notepaper	*kertas catatan*
nothing	*tidak ada*
November	*bulan November*
nowhere	*tidak di mana-mana*
number	*nomor*
number plate	*pelat nomor, pelat polisi*
nurse	*perawat, suster*
nuts	*kacang-kacangan*

o

occupation	*pekerjaan/jabatan*
October	*bulan Oktober*
off (gone bad)	*busuk, basi (of food)*
off (turned off)	*mati*
offer	*tawaran*
office	*kantor*
oil	*minyak*
oil level	*tinggi cairan minyak*
ointment	*salep*
okay	*baik/oke*
okay: it's okay	*tidak apa-apa*
old	*tua, lama*
on (turned on)	*nyala/dipasang*
on, at	*pada, di*
on board (aeroplane, ship)	*di atas pesawat*
on board (bus)	*di dalam kendaraan*
on the left	*di sebelah kiri*
on the right	*di sebelah kanan*
on the way	*dalam perjalanan*
oncoming car	*mobil yang mendekat*
one-way ticket	*karcis sekali jalan*
one-way traffic	*jalan satu arah*
onion	*bawang*
open	*buka*
open (verb)	*membuka, buka*
operation (medical)	*operasi*
operator (telephone)	*operator*

opposite	*lawan*
optician	*optik, ahli kacamata*
orange (color)	*oranye/jingga/oren*
orange (fruit)	*(buah) jeruk*
order	*pesanan*
order (verb)	*pesan, memesan*
other	*(yang) lain*
other side	*(di) sisi lain*
outside	*di luar*
over there	*di sana*
overpass	*jembatan penyeberangan*
overseas	*luar negeri*
overtake	*salip, menyalip*
oyster	*tiram*

P

packed lunch	*bekal*
page	*halaman, lembar*
pain	*rasa sakit*
painkiller	*obat untuk rasa sakit*
paint	*cat*
painting	*lukisan*
pajamas	*piyama*
palace	*istana*
palace (in Bali)	*puri*
palace (in Java)	*keraton*
pan	*panci*
pane	*kaca*
panties	*celana dalam (wanita)*
pants	*celana panjang*
pantyhose	*stoking wanita*
papaya	*pepaya*
paper	*kertas*
paraffin oil	*minyak parafin*
parasol	*payung*
parcel	*bungkusan/bingkisan*
pardon	*maaf*
parents	*orang tua*
park (verb)	*parkir*
park, gardens	*taman, kebun*
parking garage	*gedung parkir*
parking space	*tempat parkir/lokasi parkir*

part (car)	*onderdil, suku cadang*
partner	*pasangan*
party	*pesta*
passable (road)	*(jalan) bisa dilewat*
passenger	*penumpang*
passionfruit	*(buah) markisa*
passport	*paspor*
passport photo	*pasfoto*
patient (calm)	*sabar*
patient (doctor's)	*pasien*
pay	*bayar, membayar*
pay the bill	*bayar (rekening)*
peanut	*kacang*
pearl	*mutiara*
peas	*kacang polong*
pedal	*pedal*
pedestrian crossing	*(tempat) penyeberangan*
pedicure	*pedikur*
pen	*pena, bolpoin*
pencil	*pensil*
penis	*penis*
penknife	*pisau lipat*
people	*orang/masyarakat*
pepper (black)	*lada hitam*
pepper (chilli)	*cabe*
performance	*pertunjukan*
perfume	*minyak wangi/parfum*
perhaps	*mungkin*
period (menstrual)	*haid, mens, datang bulan*
permit	*izin/ijin*
person	*orang*
personal	*pribadi*
pet	*hewan peliharaan/binatang peliharaan*
petrol	*bensin*
petrol station	*pompa bensin*
pharmacy	*apotik*
phone	*telepon*
phone (verb)	*telepon, menelepon*
phone booth	*telepon umum*
phone card	*kartu telepon*
phone directory	*buku petunjuk telepon*
phone number	*nomor telepon*

15

photo	*foto*
photocopier	*mesin fotokopi*
photocopy	*fotokopi*
photocopy (verb)	*memfotokopi*
phrasebook	*buku ungkapan*
pick up (come to)	*mengambil/menjemput*
picnic	*piknik*
pill (contraceptive)	*pil KB*
pills, tablets	*tablet*
pillow	*bantal*
pillowcase	*sarung bantal*
pin	*peniti*
pineapple	*nanas*
pipe (plumbing)	*pipa air*
pipe (smoking)	*pipa rokok, cangklong*
pity	*sayang, kasihan*
place of interest	*obyek wisata*
plain (not flavored)	*tawar*
plain (simple)	*biasa*
plan (intention)	*rencana*
plan (map)	*peta*
plane	*pesawat (terbang)*
plant	*tumbuhan*
plaster cast	*(balutan) gips*
plastic	*plastik*
plastic bag	*tas plastik, keresek*
plate	*piring*
platform	*jalur/peron*
play (drama)	*drama, sandiwara*
play (verb)	*main, bermain*
play golf	*main golf/bermain golf*
play sports	*berolahraga*
play tennis	*main tenis*
playground	*taman bermain*
playing cards	*kartu remi*
pleasant	*menyenangkan*
please (asking for action)	*tolong*
please (asking for thing)	*minta*
please (go ahead)	*silakan*
please (invitation)	*mari, silakan*
please (try)	*coba*
pleasure	*kenikmatan*

plug (electric)	*steker*
pocket	*saku/kantong*
pocket knife	*pisau lipat*
point out	*tunjukkan, menunjukkan*
poisonous	*beracun*
police	*polisi*
police officer	*polisi*
police station	*kantor polisi*
pond	*kolam*
pony	*kuda kecil*
population	*jumlah penduduk*
pork	*daging babi*
port	*pelabuhan*
porter (concierge)	*bellboy*
porter (for bags)	*kuli*
possible	*mungkin*
post (verb)	*mengepos*
post office	*kantor pos*
postage stamp	*perangko*
postbox	*kotak pos*
postcard	*kartu pos*
postcode	*kode pos*
postpone	*tunda, menunda*
potato	*kentang*
potato chips	*keripik kentang*
poultry	*unggas*
powdered milk	*susu bubuk, susu formula*
power outlet	*stopkontak, colokan*
prawn	*udang (besar)*
precious metal	*logam mulia*
precious stone	*batu mulia*
prefer	*lebih suka*
preference	*pilihan*
pregnant	*hamil*
prescription	*resep dokter*
present (here)	*ada/hadir*
present (gift)	*hadiah, kado*
press (media)	*pers*
press (verb)	*pencat, pijat*
pressure	*tekanan*
price	*harga*
price list	*daftar harga*

15

print (picture)	cetakan
print (verb)	mencetak, cetak
probably	mungkin
problem	masalah/problem
profession	profesi
profit	untung/laba
program	program/acara
pronounce	melafalkan
propane	propan
pudding	puding
pull	menarik
pull a muscle	keseleo
pulse	denyut
pure	murni
purify	memurnikan
purple	ungu
purse	dompet
push	tekan/menekan, dorong/mendorong
puzzle	teka teki
pyjamas	piyama

Q

quarter	seperempat
quarter of an hour	seperempat jam
queen	ratu
question	pertanyaan
quick	cepat
quiet	sepi

R

radio	radio
railroad, railway	rel kereta api
rain	hujan
raincoat	jas hujan
rape	perkosaan, perkosa/memperkosa
rapids	riam
rash (on skin)	ruam
rat	tikus (besar)
raw	mentah
razor blade	silet cukur
read	baca, membaca
ready	siap

really	*sungguh/benar-benar*
reason	*alasan*
receipt	*kwitansi/tanda terima*
reception desk	*meja resepsi/penerima tamu*
recipe	*resep (makanan)*
reclining chair	*kursi malas*
recommend	*menyarankan*
rectangle	*empat persegi panjang*
red	*merah*
red wine	*(minuman) anggur merah*
reduction	*potongan harga*
refrigerator	*lemari es/kulkas*
refund	*uang kembali*
regards	*hormat*
region	*wilayah, daerah*
registered	*tercatat*
relatives	*keluarga, saudara*
reliable	*dapat dipercaya, terandal*
religion	*agama*
rent out	*disewakan, menyewakan*
repair	*reparasi/perbaikan*
repair	*reparasi/mereparasi, perbaiki/memperbaiki*
repeat	*ulang*
report (police)	*laporan polisi*
reserve (book)	*reservasi/mereservasi, membuat buking*
reserve (spare)	*cadangan*
responsible	*bertanggung jawab*
rest	*istirahat*
restaurant	*rumah makan/restoran*
restroom	*WC/kamar kecil*
result	*hasil*
retired	*pensiun*
return ticket	*tiket pulang-pergi*
reverse (car)	*mundur/atret*
rheumatism	*rematik*
ribbon	*pita*
rice (cooked)	*nasi*
rice (uncooked)	*beras*
ridiculous	*aneh/lucu/menggelikan*
(riding) horseback	*naik kuda, berkuda*
right (correct)	*benar, betul*
right (side)	*(sebelah) kanan*

rinse	bilas, membilas
ripe	matang/masak
risk	resiko
river	sungai
road	jalan
roasted	panggang, bakar
rock (stone)	batu karang
roll (bread)	roti
roof	atap
roof rack	rak bagasi
room	kamar
room number	nomor kamar
room service	layanan kamar
rope	tali
route	rute/jalur
rowing boat	perahu dayung
rubber	karet
rude	kasar
ruins	peninggalan/puing
run	lari, berlari
running shoes	sepatu olahraga, sepatu kets

S

sad	sedih
safe	aman, selamat
safe (for cash)	brankas, tempat penitipan uang
safety pin	peniti
sail (verb)	berlayar
sailing boat	kapal layar, perahu
salad	selada
sale	obral, potongan harga
sales clerk	pramuniaga
salt	garam
same	sama
sandals	sepatu sendal
sandy beach	pantai pasir
sanitary towel	pembalut (wanita)
satisfied	puas
Saturday	hari Sabtu
sauce	saus
saucepan	panci
sauna	sauna, mandi uap

say	*berkata, mengatakan*
scald (injury)	*luka bakar*
scales	*timbangan, neraca*
scarf (headscarf)	*syal/selendang/kerudung*
school	*sekolah*
scissors	*gunting*
Scotland	*Skotlandia*
screw	*sekrup*
screwdriver	*obeng*
scuba diving	*selam/menyelam*
sculpture	*ukiran/pahatan*
sea	*laut*
seasick	*mabuk laut*
seat	*tempat duduk, kursi*
second (in line)	*kedua*
second (instant)	*detik*
second-hand	*bekas, seken*
sedative	*obat penenang*
see	*lihat, melihat*
send	*kirim, mengirim*
sentence	*kalimat*
separate	*pisah/memisahkan*
September	*bulan September*
serious	*serius/sungguh-sungguh*
service	*layanan/servis*
service station	*pompa bensin*
serviette	*serbet*
sesame oil	*minyak wijen*
sesame seeds	*biji wijen*
set (group)	*kumpulan, kelompok*
set in place	*pasang, memasang*
sew	*jahit, menjahit*
shade	*tempat teduh*
shallow	*dangkal*
shame	*memalukan*
shampoo	*sampo*
shark	*(ikan) hiu*
shave	*cukur, bercukur*
shaver	*alat cukur*
shaving cream	*krem cukur*
sheet	*seprei*
shirt	*kemeja/baju*

shoe	*sepatu*
shoe polish	*semir sepatu*
shop (verb)	*belanja, berbelanja*
shop, store	*toko*
shop assistant	*pramuniaga/pelayan toko*
shop window	*etalase*
shopping center	*pusat perbelanjaan*
short	*pendek*
short circuit	*korsleting*
shorts (short trousers)	*celana pendek*
shorts (underpants)	*celana kolor*
shoulder	*bahu*
show	*pamer/memamerkan, memperlihatkan*
shower	*pancuran kamar mandi/dus*
shrimp	*udang*
shutter (camera)	*tombol potret*
shutter (on window)	*pintu jendela*
sieve	*ayakan/saringan*
sightseeing	*wisata/tamasya/lihat-lihat*
sign (road)	*papan jalan/tanda jalan*
sign (verb)	*tanda tangan/menandatangani*
signature	*tanda tangan*
silence	*kesunyian*
silk	*sutra*
silver	*perak*
simple	*sederhana*
single (only one)	*satu*
single (unmarried)	*belum menikah*
single ticket	*karcis sekali jalan*
sir	*Bapak, Tuan*
sister	*saudara perempuan, adik (perempuan), kakak (perempuan)*
sit	*duduk*
size	*ukuran*
skin	*kulit*
skirt	*rok*
sleep	*tidur*
sleeping pill	*obat tidur*
sleeve	*lengan baju*
slip	*terpeleset*
slippers	*sandal*
slow	*pelan*

slow train	*kereta ekonomi*
small	*kecil*
small change	*uang kecil, uang receh*
smell	*bau*
smoke	*asap*
smoke detector	*detektor asap*
smoked	*diasap*
snake	*ular*
soap	*sabun*
soap powder	*sabuk cuci baju*
soccer	*sepak bola*
soccer match	*pertandingan sepakbola*
socket (electric)	*stopkontak, colokan*
socks	*kaos kaki*
soft drink	*minuman bersoda*
sole (of shoe)	*sol sepatu*
someone	*ada orang, seseorang*
sometimes	*kadang-kadang, terkadang*
somewhere	*di suatu tempat*
son	*anak (laki-laki)*
soon	*segera*
sore (painful)	*sakit/luka*
sore (ulcer)	*bisul*
sore throat	*sakit tenggorokan*
sorry	*maaf*
soup	*sop/sup, kuah*
sour	*asam*
south	*selatan*
souvenir	*cinderamata/oleh-oleh/suvenir/ kenang-kenangan*
soy sauce	*kecap*
spanner, wrench	*kunci inggris*
spare	*cadangan*
spare parts	*suku cadang, onderdil*
spare tire	*ban serep*
spare wheel	*roda cadangan*
speak	*bicara, berbicara*
special	*spesial/khusus*
specialist (doctor)	*dokter ahli/dokter spesalis*
specialty (cooking)	*keistimewaan*
speed limit	*batas kecepatan*
spell	*eja, mengeja*

spices	*bumbu*
spicy	*pedas*
splinter	*serpihan kayu*
spoon	*sendok*
sport	*olahraga*
sports centre	*pusat olahraga/pusat kebugaran*
spot (place)	*tempat*
spot (stain)	*noda*
sprain	*keseleo*
spring (device)	*per/pegas*
spring (season)	*musim semi*
square (plaza)	*alun-alun*
square (shape)	*persegi empat, bujur sangkar*
square meter	*meter persegi*
squash (game)	*permainan squash*
squash (vegetable)	*labu*
stadium	*stadion*
stain	*noda*
stain remover	*penghilang noda*
stairs	*tangga*
stamp	*perangko*
stand (be standing)	*berdiri*
stand (put up with)	*tahan, bertahan*
star	*bintang*
starfruit	*(buah) belimbing*
start	*mulai*
station	*stasiun*
statue	*patung*
stay (in hotel)	*menginap*
stay (remain)	*tetap*
steal	*curi, mencuri*
steamed	*kukus*
steel	*baja*
stepfather	*ayah tiri*
stepmother	*ibu tiri*
steps	*tangga*
sterilise (bottle)	*mensterilkan*
sticking plaster	*plester*
sticky tape	*selotip*
stir-fried	*tumis*
stitches (in wound)	*jahitan*
stomach	*perut*

stomach ache	*sakit perut*
stomach cramps	*kram perut*
stools (feces)	*kotoran*
stop (bus)	*halte bis*
stop (cease)	*berhenti*
stop (halt)	*macet/mogok*
stopover	*persinggahan*
store, shop	*toko*
storm	*badai*
story (of building)	*tingkat/lantai*
straight	*lurus*
straight ahead	*terus*
straw (drinking)	*sedotan*
street	*jalan*
street vendor	*pedagang kaki lima*
strike (work stoppage)	*mogok kerja*
string	*tali/benang*
strong	*kuat*
study	*belajar*
stuffed animal	*binatang yang diawetkan*
stuffing	*isi, busa*
subtitles	*teks*
succeed	*berhasil*
sugar	*gula*
suit	*setelan*
suitcase	*koper*
summer	*musim panas*
sun	*matahari*
sunbathe	*berjemur*
Sunday	*hari Minggu*
sunglasses	*kacamata hitam*
sunhat	*topi*
sunrise	*matahari terbit*
sunscreen	*tabir surya*
sunset	*matahari terbenam*
sunshade	*visor*
sunstroke	*pusing akibat sengatan matahari*
suntan lotion	*tabir surya*
suntan oil	*minyak anti matahari*
supermarket	*toko swalayan*
surcharge	*biaya tambahan/biaya ekstra*
surf	*buih*

surface mail	*pos biasa*
surfboard	*papan selancar*
surname	*nama keluarga/nama marga*
surprise	*kejutan*
swallow	*telan, menelan*
swamp	*rawa*
sweat	*keringat*
sweater	*baju hangat, switer*
sweet	*manis*
sweetcorn	*jagung (manis)*
swim	*berenang*
swimming costume	*baju renang*
swimming pool	*kolam renang*
swindle	*tipu, penipuan*
switch	*saklar*
syrup	*sirop*

T

table	*meja*
table tennis	*tenis meja*
tablecloth	*taplak meja*
tablemat	*tatakan meja*
tablespoon	*sendok besar*
tablets	*tablet*
tableware	*tembikar*
take (medicine)	*makan obat/minum obat*
take (photograph)	*mengambil foto, memfoto*
take (time)	*butuh waktu/perlu waktu*
talk	*bicara, berbicara*
tall	*tinggi*
tampon	*tampon*
tanned	*sawo matang*
tap	*keran*
tap water	*air keran*
tape measure	*meteran*
tassel	*rumbai-rumbai*
taste	*rasa*
taste (verb)	*rasakan, merasakan*
tax	*pajak*
tax-free shop	*toko bebas pajak*
taxi	*taksi*
taxi stand	*pangkalan taksi*

tea (black)	*teh*
tea (green)	*teh hijau*
teacup	*cangkir teh*
teapot	*ceret teh, poci*
teaspoon	*sendok teh*
teat (bottle)	*dot*
telephoto lens	*lensa tele*
television	*televisi/TV*
temperature (body)	*suhu badan*
temperature (heat)	*suhu udara*
temple (in Bali)	*pura*
temple (in Java)	*candi,* (Chinese) *kuil, klenteng*
temporary filling	*tambalan sementara*
ten	*sepuluh*
tender, sore	*sakit*
tennis	*tenis*
tent	*tenda*
terminus	*terminal (bis)*
terrace	*teras, beranda*
terribly	*sangat*
thank you, thanks	*terima kasih*
thankful	*berterima kasih*
thaw	*mencair*
theater	*teater*
theft	*pencurian*
there	*di situ, di sana*
thermometer (body)	*termometer badan*
thermometer (weather)	*termometer udara*
thick	*tebal*
thief	*maling, pencuri*
thigh	*paha*
thin (not fat)	*kurus*
thin (not thick)	*tipis*
think (believe)	*rasa, berpendapat*
think (ponder)	*pikir, memikirkan*
third (1/3)	*sepertiga*
thirsty	*haus*
this afternoon	*siang ini*
this evening	*malam ini*
this morning	*pagi ini*
thread	*benang*
throat	*tenggorokan*

throat lozenges	*obat radang tenggorokan*
thunderstorm	*petir*
Thursday	*hari Kamis*
ticket (admission)	*karcis/tanda masuk*
ticket (travel)	*karcis/tiket*
ticket office	*loket karcis*
tidy	*rapi*
tie (necktie)	*dasi*
tie (verb)	*ikat, mengikat*
tight	*ketat*
time (occasion)	*kali*
time (when)	*waktu*
timetable	*jadwal*
tin (can)	*kaleng*
tin opener	*pembuka kaleng*
tip (gratuity)	*persen/tip*
tire	*ban*
tire pressure	*tekanan ban*
tissues	*tisu*
tobacco	*tembakau*
today	*hari ini*
toddler	*(anak) balita*
toe	*jari kaki*
together	*bersama*
toilet	*kamar kecil/toilet/WC*
toilet paper	*kertas toilet/kertas WC/tisu (gulung)*
toiletries	*perlengkapan rias mandi*
tomato	*tomat*
tomorrow	*besok*
tongue	*lidah*
tonight	*nanti malam*
tool	*alat*
tooth	*gigi*
toothache	*sakit gigi*
toothbrush	*sikat gigi*
toothpaste	*pasta gigi, odol*
toothpick	*tusuk gigi*
top up	*mengisi (sampai penuh), menambah*
torch, flashlight	*obor, senter*
total	*jumlah semua/total*
tough	*berat/keras*
tour	*perjalanan/tur*

tour guide	*pemandu wisata*
tourist information office	*kantor informasi wisata*
tow	*derek*
tow cable	*kabel derekan*
towel	*handuk*
tower	*menara*
town	*kota*
town hall	*balai kota*
toy	*mainan*
traffic	*lalu lintas*
traffic signal	*lampu lalu lintas/lampu merah*
train	*kereta (api)*
train station	*stasiun kereta api*
train ticket	*karcis kereta api*
train timetable	*jadwal kereta api*
translate	*terjemahkan, menerjemahkan*
travel	*jalan, jalan-jalan*
travel agent	*agen perjalanan, biro wisata*
traveler	*wisatawan*
traveler's check	*cek perjalanan*
treatment	*pengobatan*
triangle	*segitiga*
trim (haircut)	*gunting rambut*
trip	*perjalanan*
truck	*truk*
trustworthy	*terpercaya, andal*
try on	*coba*
Tuesday	*hari Selasa*
tuna	*(ikan) tuna/(ikan) tongkol*
tunnel	*terowongan*
turn off	*matikan, mematikan*
turn on	*pasang/memasang, nyala/menyalakan*
turn over	*balik/membalikkan*
TV	*teve/televisi*
TV guide	*daftar acara TV*
tweezers	*jepitan*
twin bed	*dua tempat tidur*
typhoon	*angin topan*

U

ugly	*buruk/jelek*
UHT milk	*susu UHT*

ulcer	*bisul*
umbrella	*payung*
under	*di bawah*
underpants	*celana dalam*
underpass	*terowongan*
understand	*mengerti*
underwear	*baju dalam, pakaian dalam*
undress	*buka baju/berbuka baju*
unemployed	*menganggur*
uneven	*tidak rata*
university	*universitas*
up	*atas*
upright	*tegak lurus*
urgent, urgently	*penting, mendesak*
urine	*air kencing*
usually	*biasanya*

V

vacant	*kosong*
vacation	*liburan*
vaccinate	*vaksinasi/imunisasi*
vagina	*vagina/liang peranakan*
valid	*berlaku*
valley	*lembah*
valuable	*berharga*
valuables	*barang-barang berharga*
van	*van*
vase	*vas, tempat bunga*
vegetables	*sayur-mayur, sayuran*
vegetarian	*vegetarian*
vein	*urat nadi*
velvet	*beludru*
vending machine	*otomat*
venereal disease	*penyakit kelamin*
venomous	*berbisa*
vertical	*vertikal*
via	*lewat*
video camera	*kamera video*
video recorder	*kamera video*
view	*pemandangan*
village	*desa*
visa	*visa*

visit	*kunjungan*
visiting hours	*jam kunjungan/jam besuk*
vitamin tablets	*vitamin*
vitamins	*vitamin*
voice mail	*kotak suara*
volcano	*gunung api/gunung berapi*
volleyball	*bola voli*
vomit	*muntah*

W

wait	*tunggu, menunggu*
waiter, waitress	*pelayan*
waiting room	*kamar tunggu*
wake up	*bangun*
Wales	*Wales*
walk (noun)	*jalan*
walk (verb)	*jalan/berjalan*
walking stick	*tongkat*
wall	*tembok, dinding*
wallet	*dompet*
wardrobe	*lemari baju/lemari pakaian*
warm	*hangat*
warn	*ingat/mengingatkan*
warning	*peringatan*
wash (something)	*cuci, mencuci*
wash (yourself)	*mandi*
washing	*cucian*
washing line	*(tali) jemuran*
washing machine	*mesin cuci*
wasp	*tawon*
watch	*nonton, menonton*
water	*air*
water-skiing	*ski air*
waterfall	*air terjun, curug*
watermelon	*semangka*
waterproof	*kedap air*
way (direction)	*arah*
way (method)	*cara*
we	*kita, kami*
weak	*lemah*
wear	*pakai, memakai*
weather	*cuaca*

weather forecast	*ramalan cuaca/prakiraan cuaca*
wedding	*perkawinan*
Wednesday	*hari Rabu*
week	*minggu*
weekday	*hari kerja*
weekend	*akhir pekan/akhir minggu*
weigh out	*timbang, menimbang*
welcome	*selamat datang*
well (for water)	*sumur*
well (good)	*baik/sehat*
west	*barat*
wet	*basah*
what?	*apa?*
what? (for time)	*berapa?*
what? (people)	*siapa?*
wheel	*roda*
wheelchair	*kursi roda*
when?	*kapan?*
where? (direction)	*ke mana?*
where? (location)	*di mana?*
which (that, who)	*yang*
which one?	*mana?*
white	*putih*
white wine	*(minuman) anggur putih*
who?	*siapa?*
why?	*mengapa? kenapa?*
wide-angle lens	*lensa lebar*
widow	*janda*
widower	*duda*
wife	*istri*
wind	*angin*
window (in room)	*jendela*
window (to pay)	*loket*
windscreen, windshield	*kaca depan mobil*
windscreen wiper	*kipas kaca mobil*
wine	*(minuman) anggur*
winter	*musim dingin*
wire	*kawat*
witness	*saksi*
woman	*perempuan, wanita*
wonderful	*hebat*
wood	*kayu*

wool	*wol*
word	*kata*
work	*kerja, bekerja*
working day	*hari kerja*
worn out	*usang*
worried	*cemas*
wound	*luka*
wrap	*bungkus/membungkus, kemas/mengemas*
wrench, spanner	*kunci Inggris*
wrist	*pergelangan tangan*
write	*tulis, menulis*
write down	*menuliskan*
writing pad	*bloknot*
writing paper	*kertas tulis*
wrong	*salah/tidak benar*

Y

yarn	*benang wol*
year	*tahun*
yellow	*kuning*
yes	*ya*
yesterday	*kemarin*
you (formal)	*Anda, Saudara*
you (informal)	*kamu, kau/engkau*
you're welcome	*sama-sama*
youth hostel	*losmen*

Z

zebra crossing	*penyeberangan*
zip	*kancing tarik, ritsleting*
zoo	*kebun binatang*
zucchini	*mentimun/timun*

The Tuttle Story: "Books to Span the East and West"

Most people are surprised when they learn that the world's largest publisher of books on Asia had its humble beginnings in the tiny American state of Vermont. The company's founder, Charles Tuttle, came from a New England family steeped in publishing, and his first love was books—especially old and rare editions.

Tuttle's father was a noted antiquarian dealer in Rutland, Vermont. Young Charles honed his knowledge of the trade working in the family bookstore, and later in the rare books section of Columbia University Library. His passion for beautiful books—old and new—never wavered throughout his long career as a bookseller and publisher.

After graduating from Harvard, Tuttle enlisted in the military and in 1945 was sent to Tokyo to work on General Douglas MacArthur's staff. He was tasked with helping to revive the Japanese publishing industry, which had been utterly devastated by the war. After his tour of duty was completed, he left the military, married a talented and beautiful singer, Reiko Chiba, and in 1948 began several successful business ventures.

To his astonishment, Tuttle discovered that postwar Tokyo was actually a book-lover's paradise. He befriended dealers in the Kanda district and began supplying rare Japanese editions to American libraries. He also imported American books to sell to the thousands of GIs stationed in Japan. By 1949, Tuttle's business was thriving, and he opened Tokyo's very first English-language bookstore in the Takashimaya Department Store in Ginza, to great success. Two years later, he began publishing books to fulfill the growing interest of foreigners in all things Asian.

Though a westerner, Tuttle was hugely instrumental in bringing a knowledge of Japan and Asia to a world hungry for information about the East. By the time of his death in 1993, he had published over 6,000 books on Asian culture, history and art—a legacy honored by Emperor Hirohito in 1983 with the "Order of the Sacred Treasure," the highest honor Japan can bestow upon a non-Japanese.

The Tuttle company today maintains an active backlist of some 1,500 titles, many of which have been continuously in print since the 1950s and 1960s—a great testament to Charles Tuttle's skill as a publisher. More than 60 years after its founding, Tuttle Publishing is more active today than at any time in its history, still inspired by Charles Tuttle's core mission—to publish fine books to span the East and West and provide a greater understanding of each.